ヤン＝ヴェルナー・ミュラー

恐怖と自由

ジュディス・シュクラーのリベラリズム論と21世紀の民主制

古川高子訳

みすず書房

FURCHT UND FREIHEIT

Für einen anderen Liberalismus

by

Jan-Werner Müller

First published by Suhrkamp Verlag Berlin, 2019

亡きトニー・ジャットの思い出に、
そして、自由を生きるフベルトゥスのために私にとって平和以外に、何よりも重要なものを挙げるとするなら、私はとまれ「自由」と答えるであろう。ここで言う自由は少数のためのものであるだけでなく、多数のための自由である。そして良心の自由と意見表明の自由。また困窮と恐怖からの自由である。

ヴィリー・ブラント、一九八七年

私にとって自由とは何かを教えてあげよう。それは恐怖のないこと。本当の意味で恐怖がないことである。私の人生のうち、半分でもそうであったならば。恐怖のないこと。［…］それがすべてではない。だけれど、それは本当に、本当にそう思うほど大事なものなのだ。

ニーナ・シモン、一九六八年

恐怖と自由　目次

【表紙飾り線】所蔵　大日本印刷株式会社／市谷の杜 本と活字館

凡例

一　本書はヤン゠ヴェルナー・ミュラー（Jan-Werner Müller）著 *Furcht und Freiheit: Für einen anderen Liberalismus* (Suhrkamp Verlag, 2019) の全訳である。巻末にはジュデス・シュクラー（Judith Shklar）著 "Liberalism of Fear" in *Liberalism and the Moral Life*, ed. by Nancy Rosenblum (Harvard University Press, 1989. @The President and Fellows of Harvard College, 1989) を、著者ミュラーの同意を得て収録した。

一　本文中の〔　〕内と傍注は、いずれも訳者による注である。

出発地――自己満足と自虐の狭間から

二一世紀になって初めの二〇年が終わる頃、ウラジーミル・プーチンは、英国のある日刊紙で「リベラル思想は時代遅れだ」と述べた。(1) このような類いの発言は新しいものではない。だが、国際政治における一人の立役者がこの種の政治思想的判断をして満足げに挑発するのは冷戦終結後にはなかったことだ。(2) 西側諸国の首府を怒らせることを見越したロンドンのロシア大使は面白がってツイートした。そのツイートでは、「どのようにしたらリベラリズムを最もうまく生きながらえさせることができるだろうか」という問いについて人びとに投票するよう要求している。あり得る回答は「EU脱退」か「EU残留」。もう一つの選択肢は「リベラリズムは死んだ」であった。(3)

リベラリズムは周知の通り、世界的に上からも下からも重圧の下にあるようだ。この圧力をどう名付けるべきなのかについては議論の余地がある。ポピュリズムか? 権威主義か? いわゆるリベラルエリートに対する一つの文化的反撃か? 「リベラル」エリートが批判される時、では一体どういうことが本来意図されているのだろうか。マックス・ヴェーバーが言うところの「パリサイ人のような良心」をひけらかす偽善者だから問題なのか。グローバリゼーションの勝者として、コスモポリタンで寛容な立場に易々と適応しながら、そのような洗練された態度が可能なのは物質的に恵まれているからだということに無関心だから問題なのか。

いずれにせよ、リベラルたちはこの二一世紀にトランプの出現やブレグジットなどがまだ可能であることに驚いている。だが、それは理論的なものではない。というのは、そうした驚きが省察の発端にはならないからだ。もっともその驚きが、リベラリズムについての見解と、リベラリズムを生んだ歴史がもはや維持不可能になったという認識の発端になりでもするのなら、また話は別だが。[4] みずからリベラルだと意識している人びとの反応は、彼らが時代をどう見ているかに応じて全く異なっている。彼らの一部は、ブレグジットやトランプといった政治的災厄《カタストロフ》を「人民（Volk）」のせいにしており、アメリカ合衆国第四五代大統領〔トランプ〕あるいはブレグジットの主唱者である〔英国の政治家〕ナイジェル・ファラージのような人物は、騙されやすい市民にリベラルエリートに関する嘘を広めることによってのみ目的を達することができるのだと主張する。その上無頓着にも、一九世紀後半からしばしば用いられてきた月並みな大衆心理学を利用する。単純な人びととは非合理的で御しやすい。だから新しい反リベラリズムの災厄が生じるのは、そういう人びとのせいだ、と言うのである。

これに対し自らリベラルだと感じている別の人びとは自己批判を身につけており（あるいは少なくとも自己批判しているように見せかけている）、自分の罪 meae cuplae を競って、小さいが熾烈な争いのくりひろげられる市場まで出現している。[5] 社会の中で取り残された人びとの声に耳を貸してこなかったと白状し、[6] アメリカでは「トランプ・サファリ」と嘲られているようなことを企てている。それは自分たちとは異なる風変わりな地元住民が明らかに自己破滅的な生活を送っている奥地への探検

（アパラチア山脈への探検が好まれる）のことだが、そうした人びとの生活（ドラッグの使用、家族崩壊等々）はなんとしても理解され、共感をもって考察されなくてはならない、と主張するのである。さらに、英国の『エコノミスト』誌でよく見かけるように「人民のためのリベラリズム」もしばしば要求される。それは一見しただけで、二〇世紀初めのフリードリヒ・ナウマンによる「大衆のリベラリズム」、つまり社会民主主義者とリベラルからなる同盟を思い出させる。だが、英国のジャーナリストは明らかにこれを意図しているのではない。ほんの少しばかりエリート臭さが消えることを願って、なぜリベラリズム（とりわけ『エコノミスト』誌にとっては市場リベラリズムだ）が最終的にはあらゆる人びとにとってよいのかということを、我慢強く説明するのである。

彼らが言うような、よりよい人民教育ともう少し包括的な教育で向上を目指すやり方を、今日の多くのリベラリズム批判者はひどく嫌がるだろう。彼らの批判は実際、もっと根本的だ。しばしばポピュリストの政治家たち（ただし、彼らだけではない）は、リベラルエリートに対して日常政治上の論争を行ない、さらに原理主義的な反リベラリズムを作りあげてきたが、そこには殊更にキリスト教から示唆を受けた「リベラル近代」への批判が含まれていた。つまり、際限なく生じる社会の機能不全の責任はリベラリズムそのものにあるというのである。[7] いくつか例を挙げれば、リベラリズムが人間を孤立させてしまったので、今日では人びとは本当の共同体や忠誠心を持つことができない、リベラリズムは「多様性」の名の下に、ものごとを均質化してしまう性格を有しているといったものである。たとえば、寛容を約束しているにもかかわらず、リベラルの理想的イメージに沿わないあらゆる生活様式については非寛容であるし、あらゆるものに対して開放的だとされているが、リベラル自らの立場を危うくするような（あるいはジェントリフィケーションされたリベラルな大都市の一角をなんとかして壊そうとするような）ものに対しては、そうでないといったことである。さらに、リベラルエリートは大衆に対して道徳を説いたものの、自分たちで常に背信を行なってきた（それが金融市場においてであるにせよ、甘やかして育てた子供を大学へ裏口入学させることにおいてであるにせよ）。そして究極的にはリベラリズムはそのような矛盾に苦しむだけではなく、自分では保証することも刷新することもできない前提に依拠しているために、自らを掘り崩してしまう。完璧なリベラル世界は輝くばかりの不吉な兆しの中で光を放っており、しかも、あらゆる勝利にもかかわらず没落する運命にある、というのである。

こうしたことから考えてみれば、これ見よがしに哲学的なアプローチをとるオランダの右翼ポピュリスト、ティリー・ボーデのような批評家が、今や人間は、根本的に「非自由化」されなければならないと主張するのも、もはや驚くにあたらない[8]。だが、このことが何を意味するのかは明言されていない。無傷なままの非リベラル共同体への回帰を求め、そこでリベラルな世界が自滅するのを待つ、といった要求以外、彼らは「ポストリベラルの未来」への全般的希望を、具体的な政治思想としてほとんど表明していないのである[9]。

リベラリズムは、今日では周知のように右翼からばかりではなく、左翼からも批判されている。しかし、それは両極端は相通ずるという理由だけでそうなっているわけではない。彼らの批判はあながちすべて間違っているわけではないのである（ちなみに、右翼と左翼による批判の仕方が同類だということを意味しているわけでもない）。右翼の反リベラルは多くのものを提供してはいるが、失礼ながら、それらは目新しいものではない。一八三〇年であろうと、一九二五年、一九六九年あるいは二〇一九年*だろうと、本物の有機的共同体や正しい道徳観念は常に取り返しのつかない形で失われてきた。それなのに、どういうわけか彼らにはそうは見えないらしい。左翼は現在のわれわれの時代について、ともかく何か独特なことを言っている。すなわち、リベラリズムは資本主義のグローバルな勝利を手助けしてきたが、劇作家であるベルント・シュテーゲマンの言葉に従えば、今や愚かな助手のようにそこに立っているだけである。つまり、世界的な勝利の瞬間において、ありとあらゆる残虐な姿を現す資本主義は、もはやリベラリズムを必要とはしていないのである（この見方は明らかに、アップデートされた最新の見方というよりもむしろマルクスの議論、つまり「リベラルのものの言い方」はただ「ブルジョワジーの現実的利害」を隠しているに過ぎないという議論を呼び起こすものである）。テオドール・W・アドルノは、彼の時代のメルティングポット（人種のるつぼ）は産業資本主義が放った装置である、と考えていた（付け加えるとするなら「そこへと迷い込んでしまえば、そこでは民主制どころではなく、殉難が待ち受けている」）。アドルノはさらに、資本主義は平等を約束したが、それは完全な適応が強制されることを隠蔽した（偽りの）約束だ、と主張している。したがって自由を与えられたポスト産業資本主義は、見たところすべての異なる人々が、フルに参加し得る（そして搾取され得る）「リベラ

＊ 一八三〇年はフランス七月革命、「栄光の三日間」の後の王政、一九二五年はムッソリーニが議会で独裁を宣言、さらにドイツ大統領選挙でヒンデンブルクが当選、一九六九年は一九六八年学生革命の余波と後の反動（たとえばチェコスロヴァキア内の動きなど）、二〇一九年は香港の民主化運動後の粛清など。

ル多文化主義」と明らかに適合的であったと推論可能である。

こうした主張のすべてをいかに評価するかは、「リベラリズム」を一体どう考えるかによる。いかなる政治概念もそうであるように、リベラリズムも四方から責められている。とはいえ、歴史を持たない概念だけが簡単に定義され得ることを考慮する限りにおいて、このリベラリズム概念はことのほか不明瞭なのである。というのも、ご存じの通り、リベラリズムは政党政治を作り出しただけではなく、より包括的な政治思想を布置してきたからであり、伝統の中の伝統（ジュディス・シュクラー）だからである。少なくともここ数年前までは、このような伝統の多くは現代においては自滅した（それゆえ、もはやその伝統は独自なものとしては認識されなくなった）という主張に安易に寄りかかることができた。たとえば、はっきりと法治国家あるいは個人の自由権を拒否するような本当の反リベラルは――少なくとも西欧諸国においては――もはや存在しないと言われてきたのである。

しかしながら、勝利をおさめたことで死に至ったとされる前のそうした伝統は一体どういうものであったのか――そして、厳密に言えば、今日「リベラリズム」という言葉から緩やかに連想されるすべてとどう関わり合いがあったのか――については、当時でさえ実はそれほど明瞭ではなかったのかもしれない。たとえば今日の事例で言えば、コスモポリタン的生活様式と野放しの資本主義の同盟、つまりナンシー・フレイザーが「進歩的ネオリベラリズム」と表現したものを考えてみるとよい。[10] あるいは、社会学者アンドレアス・レクヴィッツによるいささか凝りすぎの概念「社会的に開示され差異化されたリベラリズム」（つまり、「開かれていること」と「多様性」を常によいものだとする考え方）が示す態度もそれに当たるだろう。[11] 少なくとも、リベラリズムとネオリベラリズムが二つの異なるものだと確言することの方が今日では主流であり、それは明快な回答であろうが、複雑な過程をあまりにも単純化しすぎているかもしれない。ひょっとしたらそうではないかもしれないが、それは両概念をどう理解するかにかかっていると言える。

本書ではまず、現在までの思想史を描いてみることにする。そうすることに驚かれるかもしれない。とはいえ、リベラル思想の生みの親たちにさかのぼり、これまで投げかけられた疑問に答えてもらうことこそ緊要ではないだろうか。さて、リベラル思想の背後にある歴史だが、それはしばしば理解するのが最も困難な代物である。だが、それについての理解なしでは、なぜ私たちが特定の問題を設定するのかがわからないはずだ。冷戦後にあのリベラリズムが世界中で勝利をおさめたというお決まりの常套句を思い浮かべて欲しい。それ以来その歴史が戻ってきた、と言われている（このような確言が、数知れない著作や評論、有り難い日曜日の説教などでほとんど日常的にくり返されている）。さらに、こういうことでもなければあまり多くを語れないあらゆる人びとが――多かれ少なかれ遺憾の意を表しながら――フランシス・フクヤマは、世界広しといえどもリベラル民主制と資本主義に代わる魅力的な選択肢が他にはない、と述べて思い違いをした、と明言しているのである。

このような説明はステレオタイプ化されているため、長い九〇年代に人びとの感情が本当にそれほど勝利に沸いたのかどうかは、じつは全く問われていない。東南ヨーロッパで多国民からなる国家の実験が内戦によって暴力的に決着させられたときに、国民や共同体について考察する者は本当に誰もいなかったのか（ついでに言えばその実験は、あちこちのコミュニタリアンを引き寄せた講演会で、リベラル思想の勝利への意趣返し的に賞賛された）？

当時の問題は、今日なされている簡単な自己批判のジェスチャーだけで根本的に断ち切れるような、愚かな勝利至上主義だったのだろうか。話を現在に引きつけて考えてみると、いわゆるリベラルエリートたちの間違いは、彼らが大したことはないと思った人びとに対して「文化的尊大な態度」をとったこと、つまり、よく言われることだが、「リベラルなアイデンティティ・ポリティクス」――ありとあらゆる不満を常に表明するマイノリティが出してくる奇抜な要求――を過剰に重んじたことにあるというのは本当だろうか。これに「然り」と言うことは、ポピュリスト「反革命」の教え（前向きな綱領ではなく、マイノリティに権利を与えるな、これ以上与えるな、マジョリティを大事にし、「大勢順応」という彼らの正当な要求を尊重しろという厳令）をあっさりと学んでしまったことを意味する。このような自虐的な態度では、現代史を曇りなく見ることはできないし、リベラリズムの問題をさらにこじらせるだけである。

以降では、現代史を短く描写した後で、歴史的に――そして理論的に――考察していく。まず、リベラル思想を三つの異なった潮流に腑分けして考えてみたい（ただし紙幅が限られているため、どちらかというと図式的な方法をとることにする）。まず、最も明白なことだが、最大限に個々人の自己発展を可能にするのがリベラリズムの原則であり、それは各人の性格に沿って教養（育）を得、多様な経験を積み、常に自己啓発を行なうことで自己を完成させるという理念である。元来、ロマン主義的な価値の多様性という観念は、もっぱら（封建的諸関係からの）「市場を通じた解放」というアジェンダと手を取り合いながら発展してきた。アメリカの理論家ジュディス・シュクラーによる類型化と連関させれば、これは「人格発展のリベラリズム」あるいは「自己実現のリベラリズム」を指すと言える。(12)

加えて、一九世紀に影響力が大きかったこのリベラリズムに近いのが、今日ではほとんど忘れ去られてしまったが、自由（Liberalität）、鷹揚な精神、開放性という意味でのリベラリズムである。「リベラル」をこのような意味で用いると、自己実現のリベラリズムに適合する。というのは、個々人が自らの発展のための努力や実験――ジョン・スチュアート・ミルが求めた「生活実験」――を通じて喜びを得るには、新しいものや異なったものに対して心を開き、あるいは様々な実験を寛大に許容することが必要だからである。このような主観的で、ややもすると自己中心的な態度は、リベラリズムに非常に特有の、この潮流の特徴である。

しかしとりわけ大陸ヨーロッパにおいては、特定のブルジョワ的諸制度に関連する別のタイプが優勢だった。財産所有と教育に基づく制限選挙権を土台にした法治国家、市場と議会に結びついたリベラリズムがそれである。リベラルたちは（この所有と教養という意味での）資産が少ない人びとを退けたいと願っていた。彼らはまた自分たち、あるいは少なくとも彼らの子や孫に対しては市民生活への完全な包摂を望んでいた。もっとも、彼らがまずもってそれに値する能力を証明することができた場合ではあったが。[13] そのためリベラルたちにとっては、進歩が継続するという考えを固守することがとりわけ重要だった。この進歩という約束がもしなかったとしたら、彼らは、封建主義が神あるいは自然によって与えられたものだとして正当化する人びとに負けず劣らず、直ちに不平等を強く擁護したことであろう。

このような次第で、リベラルたちは微妙なエリート主義臭を漂わせることになった。その上、リベラリズムには物事を脱政治化していく思考様式が土台にあるという印象もあった。すなわち、リベラルたちは確かに経済的（そしてまた政治的）競争のための制度的枠組みを作り上げたが、思い切った生活実験の制度的枠組みも作り上げた。そしてそうした制度的枠組みは、政治的な意見対立の対象になってはならない、という。こうした態度によって、リベラルたちは今日に至るまで偽善者だと非難されてきた。つまり、すべてが許され、多元主義も多様性も賞賛される。しかしそれは、リベラリズムの基礎となる諸制度が疑問視されない限りにおいてなのである。

　リベラリズムはようやく一九二〇年代から三〇年代になって、現在に至るまでの数多くの議論でその基調となってきた意義を英語圏でも獲得するに至った（もっとも、政党間の争いにおける役割は大きくないのだが）。それ以降、リベラリズムはそのほとんどが個人の国家に対する抵抗権の思想として、また権力を制限する制度としてもっぱら認識されてきた[14]。ジョン・ロックがこうした解釈の思想史上、公式の英雄であったとしても、その土台となるモチーフはトマス・ホッブズに帰する。すなわち、政治が存在することの意味は個人の安全を保障することであり、個人に（リヴァイアサンに対する恐れ以外の）恐怖のない生活を実現させることなのである。

　このような様々な概念は、お互いに必ずしも排除し合うものではない。だが、断固として自己実現を主張するリベラリズムと、権利付与を通じて自由を保障しようとするリベラリズムは、相互に緊張関係にもある。前者は、個人の様々な能力を完全に発展させることを常に求め得る人生を本当に成功した人生だと見なす前提から出発しているのに対し、後者はいかなる人間も自分の人生設計を全く束縛されずに決め得ることを出発点に置き、したがってどの人も等しくそのような存在と見なす――どんな人生がよいと思うか、それをどうやって手に入れるかについての考えがいかに違っていたとしても。

だが現実は、おわかりの通りしばしばそうはならない。多くの人間が平等に考慮されていないだけではない。かなりの人びとが意図的に脅迫を受け、いじめられ、恐怖に曝されている。マイノリティはせいぜいよくとも二級市民と見なされ、マジョリティと異なる生き方をするグループは疑いの目で眺められる。さらに、例えば亡命を求める家族を国境で引き離したり（あるいは沖合で溺死するがままにしたり）すれば、さらなる難民への抑止力になるといった議論が行なわれることで、人間は意識的に残忍に扱われる。

このような体験を通じて、権力の問題に敏感な何人かの理論家は新たにリベラリズムについて熟考した。その中で最も重要なのがジュディス・シュクラーであり、彼女は一九八九年に「恐怖のリベラリズム」と題した論文を発表した[15]。シュクラーはその論文を二〇世紀の政治的災厄を背景にして書いている。彼女は、彼女の目から見て人間が他の人間を残忍に扱うあらゆる状況、つまり最悪の事態を避けることに政治は専心すべきだ、と述べて、それを熱心に擁護した。完全に救いようのない状況にいるという感情、自らの心身をもって知る恣意的支配の犠牲者としての従属。それらは二〇世紀という、全体主義のおぞましい焼印を永遠に刻んだ世紀を特徴づけることがらである。

このリベラリズムの土台をなす直観は一定の普遍的有効性を持つものではあるが、必ずしも直ちに国家が個人にとっての第一の公敵であるとは見なさない（というのは、私人が他人を従属させ、恐怖心を起こさせることがあるからである）[16]。シュクラーの見解によれば、リベラリズムは決してレッセフェールの哲学ではなく、各自の考え方を希求できる自由な人生をまずもって可能にする実存的安全を目標にするものである。そこから、人は誰もが平等に扱われるべきであるという実践的な至上命令が生じる。これが単なる高邁な言葉で終わらないようにするために、シュクラーにとって決定的に重要だったのが、人間と人間との間の社会的距離は広がりすぎてはならないということだった。加えて、恐怖や傷つけられることについての語りに耳を貸さなければならないということ、さらに権力者には明確な限界を課すことである。これが、今日リベラリズムという言葉でしばしば連想される「開放性〔誰にでも開かれていること〕」についての解釈とは明らかに異なる点なのである。

本書は、このような「下からのリベラリズム」（そうアクセル・ホネットはかつて述べた）を現在の私たちの状況に即して考えてみることを目標にしている。その過程では、「文化的エリートリベラリズム」（これは部分的には全く悪質なカリカチュアに過ぎないのではあるが、それもまた提示することになるだろう）と思われるものよりも、むしろリベラルの根本思想に忠実にアプローチしていく。同時に、恐怖のリベラリズムをある程度修正していくことにも重点を置く。シュクラーについて論じたり、シュクラーに反対の立場からシュクラー論を書いた者は、私の前にもいた。ここで重要なのは、どのような罠に恐怖のリベラリズムが陥るのか、どのような状況において恐怖のリベラリズムが支持されるのかを明確にすることである。過去に実際にあったそのような状況とは長い一九九〇年代のことだが、それは、二〇世紀の教訓は全体主義に絶対的に対立するリベラリズムという形で最終かつ完全に獲得されたと信じられていた時代だった。

最終章において描かれるのは、そのように理解されたリベラリズムが現在の議論においていかなる意味を持つのかということである。そこでは詳細な解決策を示してはいない。私はむしろ、私たちが

下す政治的判断や私たちがイメージし得る政治的可能性についての指針を提示してみたい。(17)

第1章　これは一方通行路なのか？

冷戦が終わり、リベラリズムが大勝利を果たしたとき、あらゆる方面から歴史の終焉が叫ばれた。リベラリズムの大きなライバルだったファシズムとコミュニズムからなる「イデオロギーの時代」（カール・ディートリヒ・ブラハー）がついに終焉を迎え、ただリベラル民主制と資本主義の組み合わせが人間にとっての選択肢として生き残った、と言われていた。

だが、このような説明は数千回もくり返されて古くさくなり、今や論破されてしまった。多かれ少なかれ意地の悪い見方をする論説委員、解説書の著者、学者あるいは政治家も、九〇年代の楽観論はおめでたいものだと気づくようになったのである。もちろん、フクヤマのようなアメリカ人にとって状況は異なっていたであろうが。

その際、完全に忘れ去られているのが、フクヤマの大きな物語は批評家が思っていたほど単純なものではなかったということである。批評家は通常、複雑な物事にはっきりとした意味を見いだしたがる（それがあまりにもスムーズにいった場合は、資本主義と民主制の組み合わせにはあたかも対立がないか、摩擦さえほとんどないという説明となってしまう）。ところが、フクヤマは戦争あるいは根深い政治的対立までがこれを限りに終了したとは一言も予言していなかった。ユーゴスラヴィアの内戦やルワンダでの民族殺戮を目にした者の一体誰が、そのようなことを考えるだろうか。この元国務省官僚が述べたのは、むしろ、リベラル民主制と「市場」だけが承認と自己決定を求める人間の要求に応えたということだった。そこから彼は、これからも対立は続くだろうが、実際に人類の大部分にとって魅力的かつ根本的な政治経済的選択肢は他にはないという結論を引き出した（コミュニズムやファシズムがかつて数百万人の人びとにとって魅力的であったのと同様である）。

しかし、（フクヤマの本では）これが歴史の終焉なのではなかった。というのはこの表面的には政治学者に見える人物は――とりわけフリードリヒ・ニーチェからヒントを得て――、人びとはいつかリベラリズムに全くうんざりしてしまうのではないかという懸念を抱いたからである。人生の意味を英雄的行為あるいは流血の闘争に求めるような人びとは、英雄を必要としないシステムの中ではほとんど幸せを感じないであろう。少なからぬ人間は――他人と同等に見られたいと思うばかりではなく、何がしかの特別な者として承認されたいと願うものなのである[1]（少しでも人生経験を積んだ人ならば、こう言っても実際に驚くことはないだろう）。私生活ではこれはまだ受け入れられるかもしれないが、政治の世界において、貪欲な承認欲求は個人が抱いても集団が抱いても危険である。すなわち、自分たちは選抜された者だと感じるナルシシスト的指導者とその国民は、すべてを平等化し、疑わしきはあらゆるものを曖昧なまま等しくしておこうとするリベラリズムを欲しないのである[2]。

こうした懸念は当時とりたてて真剣に受け止められてはいなかった。むしろ資本主義は何らかの独自性を活かせる機会をふんだんに提供するだろうとか（誰にとってもスタートアップにはある種の魅力が潜んでいる）、あるいは人道的軍事介入に参加することでまだ平和な世界となっていない場所へと飛び込んでみるといった可能性が十分にあると思われていた。かつての英雄軍人に魅せられていた人たちは（Amazon や eBay 等の）トレーダーやブルーヘルメット〔国連平和維持軍〕となる可能性があった。

それはともかく、自称リベラル知識人たちは、勝利至上主義に関するあらゆる陳腐な物語が私たちに信じさせようとしているほどには、彼ら自身、確証を持っていなかったことに注意すべきである。まさにその反対である。イデオロギーの時代の終焉はまた危機として、知的政治的なアイデンティティの危機としても感じられ得るものだった。実際、リベラルの確信は、冷戦の間とりわけコミュニズムとの格闘をくり返すことで強化されていった。つまり、敵がリベラル知識人の思考を形作っていたのである。

あまり知られていないことだが、リベラル知識人たちは、少しばかり越境することで彼らの競争相手の思想を取り込んでいった。アイザイア・バーリン、レイモン・アロン、そしてカール・ポパーなどの思想家が、いつもカール・マルクスを褒め称えていたのは偶然ではない。マルクスと格闘することで自分たちの独自の理念が明らかになったばかりではなく、リベラリズム自体が社会主義の持つ疑問の余地なき魅力に直面して、いかに変化を遂げなければならなかったのかも学ぶことができた。[3]

バーリンは、自分の書いた文章に挑戦するようなテキスト〔マルクスの文章を指す〕にくり返し取り組むのが最も生産的だった、と述べている。[4] 彼はユートピアに対する一般的懐疑心の種を播きたかっただけでなく、自分の政治概念も常に疑うことを望んだ。つまり懐疑論者として自身に対しても懐疑的であらねばならなかったということである。加えて、共産主義思想家の狂信だと思える言動に、リベラルの狂信的言動をもって応じてはならないのであった。自由を求めて闘う西側の人間には独自の政治的信仰（より正確には、対抗的な信仰）が必要だという考えを、バーリンは明確に退けた。最強の武器は自己肯定ではなく、自らを疑うことなのである。

このような高邁な望みが実際に常に叶えられたのかどうかについては疑問の余地がある。例えばバーリンに対して、ヴェトナム戦争を肯定する彼の姿勢に自責の念があまりなかったのではないか、批判者――彼らが共産主義寄りの姿勢を隠し持っていたことは批判されることがなかったのだが――からの指摘を全く無視したではないかという批判が、一度ならず寄せられた[5]。

加えて冷戦時代のリベラルたちは、彼らの思想が実践に移された際に過剰な懐疑の念を向けられても、必ずしもそれに煩わされてはいなかった。権力の集中を避けるために「立憲体制」、つまり三権分立と基本権の堅持が明らかに選択されたのであったが、人民の権力が強すぎる場合には、やはりこのリベラルたちは民主制に、とりわけその直接民主制に不信感を抱いたのである[6]。

特にカール・ポパーが賞賛した開かれた社会には次のような名前があった。すなわち、英国である。右記のような見方から政治に期待できる最上のものは、理想化された英国のそれだった。つまり、洗練され、中庸な態度をもって処するということ。そこではコモンセンスを持つ人びとが政治的愚行に対しては疑義を呈するが、ありとあらゆる（個人の）常軌を逸した振る舞いも許容する寛容さがあった。だが、何と言っても英国は、最も広い意味でのリベラルエリートが責任をもって統治する国である[7]。

まず、恐怖のリベラリズムとは

アメリカ合衆国のリベラル、アーサー・シュレジンジャー・ジュニアは共産主義に直面した際、彼の親友バーリンとは異なり、リベラルの「闘う信条」を要求した。つまり、闘ってでもリベラル理念を護り通そうとしたのである。だが、闘いが過ぎ去ると、その信条に対する確信も消えてしまった。こうした信条のゆらぎに対する一つの反応が、ジュディス・シュクラーが一九八九年に発表した論文の中で発案した、前述の恐怖のリベラリズムであった。シュクラーは、アイザイア・バーリンと同様にリガ出身であり、彼女の両親とともにスターリン主義者やナチから逃れ、ハーヴァードで学び、また教え、英語圏の世界で影響力の強い政治理論家の一人となった。歴史的、道徳心理学的に見て繊細な彼女の思考は、一瞥しただけでは、とりたててリベラルのようには見えず、むしろ彼女の中心概念である「恐怖」は権威主義的国家を解釈する際に用いられる保守的なキー概念に従ったかのように見える。結局のところ、『リヴァイアサン』の中で、恐怖こそが侮れない感情であると主張したのは、他ならぬトマス・ホッブズだった。[8] 同時に「恐怖」は、既得の資産を失うことへのブルジョワの懸念からも生じたし、一九世紀から二〇世紀の多くのリベラル思想家たちが抱いたような「大衆」に対する俗物的な不安からも生じた。

シュクラーは、二〇世紀における個人にとっての最大の危険が国家機構に由来するものであったという事実に対して、彼女流のリベラリズムで応じることになった。リベラルは決して積極的なヴィジョンを提供するのではなく、最も重要なこと、すなわち残虐さからの回避に集中すべきだった、と説明した。残虐さは彼女の見解においては「最高悪」であった。彼女が権利のリベラリズムと見なしたものは、時として一種の贅沢のように思われていた。生そのものが保障されてはじめて、道徳的に研ぎ澄まされ、実践においてますます拡大していく権利を考え得るようになる。より抽象化された概念と様式化された実例を扱う政治理論についてシュクラーは、喫緊の問題を無視し、二〇世紀の政治が経験したことを無駄にしてしまったとして、これを全般的に疑った。シュクラーは、恐怖のリベラリズムはその力を哲学からではなく、歴史を想起することによって引き出し得るのだ、と述べた。残虐性についての感覚を研ぎ澄ましたいならば、理論書よりも歴史書や小説を読む方がずっと重要であり、さらに、道徳哲学の論理的証明を多少なりとも理解する代わりに、苦しみに共感することを学ばなければならない、と言うのである(9)。

この決然と反全体主義的な、そしてまずもって「消極的な」リベラリズムは冷戦後に、英国と合衆国における多くの知識人たちに一つの重要な方向性を示すことになった。彼らはとりわけこの消極的リベラリズムに従って独裁政権に対する人道的介入を支持する方向に動いた。諸々の独裁政権は、人間を明らかに残虐に扱い、人間の苦悩を全世界に知らしめた。二〇世紀の教訓は明白であるように思われた。すなわち、まず犠牲者に関心を傾注しなければならず、さらに、あらゆる人びとが犠牲者になり得るという戒めである。そこから人権に対する明白な支持表明と国際レベルでの「保護する責任」という当時称揚されたスローガンが引き出された。傑出したリベラル知識人だった（そして時には政治家でもあった）マイケル・イグナティエフは九〇年代の終わりに次のように書いている。

二〇世紀においては、人間の普遍性という観念は、希望よりも不安に、善をなし得る人間の能力についての楽観主義より、悪をなし得る能力への恐れに、[…]よるところが大きい。この新しい国際主義への道程の通過点は、アルメニア、ヴェルダン、ロシア戦線、アウシュヴィッツ、ヒロシマ、ヴェトナム、カンボジア、レバノン、ルワンダそしてボスニアだ。総力戦の一世紀は軍人も民間人も、男も女も子供もみな等しく犠牲にした。(10)

だが、例えばかつてのユーゴスラヴィア紛争への軍事介入が正当化されたように、この種の介入を正当化するために用いられた恐怖のリベラリズムには脱政治化の要素も隠されていた。すなわち、個人を救済するという政治的行動に説明は不要、つまり救済は当然だという前提である。例えばボスニアのセルビア人指導者が遂行したような「最高悪」を相対化することは、ここでは論外である。だが、当時そう理解されていたような恐怖のリベラリズムは、新しい世界政治の状況下では特殊な意味での安全保障を、つまりリベラルのための自己保全を約束するものでもあった。冷戦時にはイデオロギー上の敵がどこに位置しているのかが知られていた。その終結後には残虐な行為がより具体化されて眼に見えるようになったことで、何がなされるべきかは常に人権の名において判断されるようになった。新しい「犠牲者文化」(そうベルンハルト・シュリンクは批判的に述べている)は、規範的見方からは直ちに明らかにならなかった事柄について経験論的・因果論的に問うことを、前もってやめさせたのである。(11)

この規範の明確さを求める態度は新しい世紀に入ってから、またしてもより明らかな、疑う余地のない定点を見いだした。それがアメリカ政府によって宣言された「グローバルな対テロ戦争」である。

「第四の全体主義」らしきもの――つまり急進的政治イスラム主義――に直面し、ムスリムをリベラル民主制と人権に恭順させるため、再び戦闘的信条、つまり新しい「闘争心」を要求する声が大きくなった[12]。

「対テロ戦争」によって生じた効果であまり明らかになっていないのが、政治が再び「緊張」を、意味として、もしくは少なくとも形式として約束するものになったという点である。些細なことのように思えるが、この「戦争」が開始された際に示された著名な知識人たちの反応はまさにそういうものだった。リベラルのジャーナリスト、クリストファー・ヒッチェンズはまさしく次のように歓声を上げている。

喜ばしい驚きに加えて、私はまたある種、気分が高揚した。最も恐怖心をかき立てる敵――神権政治的バーバリズム――が皆の目前にいたのである。それとの闘いが私の人生最後の日まで続いたとしても、極限まで闘うことに決して飽きないだろう[13]。

再び闘い、また再び「信じる」ことが必要になった。奇妙なことに、このときリベラルたちは、リベラルと呼ばれるのを願い下げにしたいと思っていた知識人たちと意気投合したのである。当時、非常に議論されたボート・シュトラウスの強い発言を考えてみるだけでいいだろう。この作家は次のようにはっきりと告げた。「西側が宗教と世俗の克服不可能な対立に深く肩入れした結果、シンクレティズムも相対主義も危機に陥った。そういったものを我々が終わりにしたとさえ言ってもよいだろう。

あれは脆弱な時代だったのだ[14]」。

少なくとも新しい闘いに自ら参加したリベラルたちは、自身を本当に確立するためには敵が必要だと思っていた。実は寛容で緊張を緩和するという意味でのリベラルが輝いていた「脆弱な」時代は、明らかにリベラリズムには都合がよくなかった。肯定的に受け取れば、リベラリズムは新しい挑戦にフレキシブルに適応していたと言える。そのような態度に対する最もはっきりとした批判は、常に敵に執着するリベラルは自分たちの思想の本質的魅力にほとんど信頼を寄せることができず、あらゆる敵との絶え間ない闘いの中で、時にはその信念を自ら裏切ることもあった、というものだった。このような批判は、この新しい反全体主義に懐疑的になっていた人びとにとって、その懐疑の決定的な根拠となった。イスラム主義に鼓舞されたテロが恐怖を蔓延させ、人間を残忍に扱っていると言うのは、わかり切ったことを表明しているにすぎなかった。だが、新しい反全体主義者たちの「闘争心」がアメリカ合衆国の恐怖に満ちた雰囲気をさらに強め、実際、ジョージ・W・ブッシュ政権の権威主義的政策を正当化してしまった、と批評家たちは述べている[15]。加えて、あまり明白にはなっていなかったことだが、反全体主義は政治に対する期待を理路整然と押し下げてしまった。すなわち、彼らは明らかに最悪の事態を避けようとするだけであり、さらに踏み込んで社会正義を求める構造的な問題に対してはほとんど時間を割かず、注意も向けなかったのである[16]。

一方で冷戦時代のリベラリズムは、対外的には戦闘的だが、内政においてはもっぱら社会民主的な方向を向いていた。だが、そこから実際にはネオコンサヴァティヴと呼ぶに相応しいものが発展する。ネオコンサヴァティヴな政治は外政においては積極的でとりわけ道徳的に動機づけられた政策を広く支持する一方で、内政的にはいかなる国家的介入にも懐疑的な立場をとったため、例えば社会福祉については常に問題含みの副次的結果が生じることになった。

今日ではほとんど忘れられているが、トニー・ブレア政権とジョージ・W・ブッシュ政権の具体的特徴は、世界の「悪」に対して断固たる行動を起こすという「道徳的な」主張であった。サダム・フセインが大量破壊兵器を保有しているというのが、第二次イラク戦争を正当化する際に示された主要な根拠だった。さらに、独裁者フセインが自国民を例外なく残虐に扱っているという主張がなされた。軍事介入がさらなる苦しみを防ぎ、中東全体における解放のプロセスを始動させることが意図されていたのであった。

だが事態はご存じの通り、異なる方向に進んだ。そして突然、反全体主義的リベラリズムの――多くの観察者によれば――内的緊張が白日の下にさらされた。国家が外国においては軍事介入によって市民社会を再建して、まさしく常に意図した通りの効果が達成できると主張する一方で、国内での国家介入は非生産的だとすること（例えば、ネオコンサヴァティズムは、社会福祉は貧者の労働意欲あるいは全般的にその人格を弱めてしまうと主張していた）は明らかに矛盾していたのではないか？

苦難と残虐性は十分明白だったのかもしれない。しかし、それは正しい政治的措置も同様に常に明らかであることを意味するものではなかった。

そしてネオリベラリズムとは？

以上の説明で、長い九〇年代と二一世紀初めの一〇年間におけるリベラリズムは「勝ち誇って」いたというよりも、むしろ新たな確実性を探していたということが、おわかりいただけたのではないかと思う。その確実性は、明らかな残虐を直ちにあらゆるところで終わらせるという点に見いだされることになった。道徳的に考えた時に、それが唯一引き受け可能と見なされたのだった。

だが、他の代替案がなかったのは別の問題についても同様だった。それがこの時代を特徴づけていた。歴史家や社会科学者は時としてあまりに安易にものごとを考えてしまうが、この時彼らは冷戦後の時代をさっさと「市場原理主義」の一つの勝利だと説明してしまった。ネオリベラリズムという概念は、ご存じの通り、非常に議論含みのもので、しばしば罵り言葉か少なくとも「自制心なしの資本主義」といったものをざっくり示す言葉としてしか使われていない。しかし、その概念は歴史的に見ると（また今日までネオリベラルだと名乗る人びとからすると）明確に定義できる意味を持っており、それはレッセフェールへの信仰とは正反対だったのである。ネオリベラルの観点からすると、レッセフェールの教義は二〇世紀最初の一〇年の間にすっかり崩落してしまった。市場はそれ自身がなすがままにさせておいては「ならず」、十分に介入し、保護されなくてはならなかった。競争はその限りにおいて決して自然なものではなく、むしろ制度的枠組みを通じて、とりわけ一定の法治国家の形態を通じて確保され、促進されることが重要だった。

ネオリベラルはリバタリアンの同意語ではない。またネオリベラリズムはあらかじめ決まった政治的形態を規定しているわけではない。さらに、国境をすべて開放しなければならないといったことも示唆していない。それもリバタリアンの立場との一貫した相違である。[17] ネオリベラルは、だが、民主制に対しては懐疑的である。なぜなら、民主制ではマジョリティが歪んだ形で市場に介入し、正当な理由なく特権を確保することが可能になるからである（フリードリヒ・フォン・ハイエクにとって、労働組合はとりわけ恐ろしい存在だった）[18]。とても基本的なことだが、民主制は常に「メイカー〔生産者〕」によって作られたものを「テイカー〔もらうだけの人〕」に再分配する危険をはらんでいると、共和党の大統領候補になり損ねたミット・ロムニーが、シンプルだがネオリベラルの視点からは適切な言葉でそう述べた。「社会正義」はこれらの思想家たちにとっては煽動的約束であるばかりではなく、全く意味のないカテゴリーなのだ。独占によって歪められない限り、市場はそれ自体が生成する分配を生み出すだけであり、分配の計画というものはない。それゆえ、いかなる道徳的尺度をもっても、その分配が不公平だと批判することはできない、と言うのである。

滅多なことがない限り、ネオリベラルでさえ、本当に民主制をあからさまに拒否する勇気はなかった。とにかく部分的に再定義する方が議論を引き起こす余地が少なかったからである。こうして、集団的自己決定に参加することを要求していた市民たちの民主制は、財布で投票する消費者主権の民主制へと変化したのである[19]。自立していない労働者は賃金労働者とはなるが、その購買力を使って資本家にこれを生産し、あれは生産しないように命ずることができる。このロジックからすると、個々人は、果たせるかな、もはや国家に対して権利を主張する市民としてではなく、顧客として国家に対峙するのである。それは（たとえばデンマークの）社会民主党が、もはや「福祉国家」ではなく、「競争国家」と呼び表したような国家である。つまり、この見方からすると、政府は国際的投資を求めるだけではなく、「顧客」をも求めて競争する。あるいは、とりわけアメリカ国家の根本的な改革を委任された男の言葉では、「私たちの顧客――である市民――のための成功と効率を達成する」のが大事なのだ（ジャレッド・クシュナー*）。

だが最終的に理想的なネオリベラル人間は、主権を持つ消費者であるだけではなく、同時に「企業家精神を備えた自己」（ウルリヒ・ブレックリンク）でもある。その人物は、大学でもフィットネスクラブでも、努力して身に着けた才能と能力をもって他人と競争するのである。自らの人的資本を最大化することは明らかに、生涯の長きにわたって避けられない課題とされている。それは必ずしも頑なで野心的であることを意味するのではない。取引においては悠然として、ゆとりを持つことも最大化のうちに含まれる。

この正確な意味におけるネオリベラルには、自由ではなく、規律が重要なのである。規律は、だが経済的な約束事ばかりではなく（規律化された自我は生産性のある自我である）、断固とした道徳的な約束事にも必要なのだ。[20] マーガレット・サッチャーは、かつて彼女の目標は心を変化させることであり、経済はそのための手段にすぎないのだ、と述べた。[21] 元イギリス首相の、社会などというものは存在しない、という発言は、ネオリベラルの自己中心主義礼賛を糾弾するためにくり返し引用されてきた。その際、彼女の説明の残りの部分は忘れ去られている。すなわちサッチャーは直ちに、存在するのは家族や友人であり、市民社会の諸組織もそうかも知れない、と付け加えた。彼女は、「社会」が人びとの道徳的責任の肩代わりをするべきだ、という考え方に反対したのである。彼女にとっては、「社会」を持ち出すことは無責任、そしてとりわけ無規律を正当化することと等しかった。

このような道徳的次元を見ることで、なぜ多くの場所でネオリベラリズムが特定の宗教グループ——とりわけアメリカ合衆国の福音主義派を想定しているが——と密接に結びついているのかがわかるだろう。[22] 家庭では家族的価値《ファミリーヴァリュー》を涵養し、経済では市場的価値を立証する。彼らにとって前者は――道徳的・社会的統合の一つの形であるが――補完的なものであるばかりではなく、不可欠なものとされている。[23] というのは、市場が道徳を掘り崩し、市場によって解き放たれた資本主義が道徳的資源を使い果たすのではないか、さらには消費人間ホモ・サピエンス・コンスメンス（オルドリベラル**のヴィルヘルム・レプケの造語）はいつか完全に無責任に行動するようになるのではないか――そういった心配がネオリベラルを駆り立てたからである。どのみちこれは、原則的にであっても資本主義と平和裡に共存してきた保守派たちも同様である。それゆえまさに彼らは、市場と伝統的な（とりわけ宗教的な）道徳観念に落ち着くのであり、規律化され責任感に満ちた振る舞いを通じてそれらを結びつけるのである。[24]

加えて、相互補完的なこれらの要素の長所を、国民教育によって男女市民に浸透させることが重要であった。そこからかつてルートヴィヒ・フォン・ミーゼスは、本来的にリベラル（ネオリベラルという意味で！）な人はいないのだから、そうなるよう強制しなければならないのだ、と述べた。[25] すでに一九三八年パリで開かれたリベラル思想家たちによる有名なシンポジウム――そこで「ネオリベラル」という表現が作られた――の参加者の一人、ルイ・ルジエは、望まれているようなリベラルの体

＊　ジャレッド・クシュナーはドナルド・トランプの娘イヴァンカの夫。トランプ政権で大統領上級顧問を務めた。

＊＊　自由放任主義と計画経済はともに全体主義や経済的破滅を導くとして、社会的市場経済の形成を求めるドイツの社会思想。

制は単に残酷なものではないのか、と問うている[26]。

長い一九九〇年代にはまた個人化、さらには「規律化」が、名だけの社会民主主義諸政党の間にも広く要請されるようになった。当時「第三の道」として宣伝されたものは、市場と国家との中間にあるものではなく、独自の目標を持った道だった。それはとりわけテクノクラート的な方法で正当化されたが、同時に、しばしば見落とされがちではあったものの、道徳的にも正しいとされた。それに賛同した人びとは、左と右の最上のものを組み合わせるのが実際には重要だ、という印象を作り出した。それが「第三の道」をもっぱら理性的な道として広げることになったのである。将来性と実現可能性のある唯一の解決方法として「第三の道」が多用されていることに鑑みて、イギリスの社会理論家のアンソニー・ギデンズは非常に巧みに、一見矛盾した印象を与える「ユートピア的現実主義」を提案した。この場合、現実主義者とは、おそらくあまり多くはいない自称「ユートピア主義者」よりも現実への不満が少ない人たちを指すのだろう。また経済政策の面でも、左右両陣営つまりあらゆる世界における最上のもの、市場経済だが市場社会ではないものが求められた。つまり、市場社会では経済的要請が人びとの生活、特に経済とは無関係の家庭生活に入り込むが、そういうものではないものを希求したのである。その当然の帰結として、第三の道の代表者たちとは異なる世界観を持つ人びとは偏っていると見なされるか、非合理的の烙印を押されることになった。

では、これは「進歩的なネオリベラリズム」だったのだろうか？　確かに、イギリスの新しい労働党（ニューレイバー）とドイツの赤緑連立政権は、社会民主党が解放的な社会政策を必ずしも実施していなかった時代と比較すれば、マイノリティにとって魅力的ないくつかの政策を掲げていた（一九九六年再選後に共和党にますます近接したビル・クリントンの場合はむしろ例外であった）。おまけに第三の道をとった指導者たちは、無頓着なやり方で自身のスタイルを作っていった。だが、中でもニューレイバーは、クール・ブリタニアの他にもあからさまに権威主義的な顔を持つという、二面性を具えていた。たとえば、「反社会的行為に関する命令」は、青年たちにリスペクトの念を持たせようとするものであり、特定の場所でサッカーをしたり、特定の衣装を着ることを禁止するものだった（とはいえ、その命令は青年だけに向けられたものではなかった。たとえば、セックスの最中に大声を上げることを禁止された女性もいた）。またビル・クリントンは刑法上の罰則を大幅に強化した。刑務所は、些細な罪を犯した人びとであふれかえった。ネオリベラリズムを主に規律化を目的とした一つのイデオロギーであると理解すれば、ネオリベラル政策を採用する政府について語る際に遠慮はいらないだろう。つまり、いずれも決して進歩的なものではなかったのである。

とはいえ、「進歩的ネオリベラリズム」という言葉を口にする人びとが行なった本当の非難は、規制緩和に対して向けられていた（当時の政府閣僚の何人かを信じるならば、この措置は関係者によってさえ必ずしも実際には理解されていなかった）。ネオリベラルを自認する人びとは、財政危機の責任を追及されると激しく抵抗し自己弁護した（格差の深刻な拡大は別の話のようである）。長期にわたってアメリカ連邦準備制度理事会長だったアラン・グリーンスパンのもとでの金融緩和政策は、ネオリベラリズムそれ自身とは関係のない過ちであり、とりわけ金融市場における規制緩和策はリバタリアン的な衝動に起因するものであって、ネオリベラル的なものではない、とされた。

しかし、このように前方防衛してしまうと、ハイエクのような人物が労働組合や他の利益団体に対して抱いていた疑いを、ネオリベラルたちは投資銀行やその他の有力な行為者に対しては向けることができなかったという事実を見落としてしまう。つまり、後者が事実上、当局を支配し、自分たちに有利にはからうよう影響を与えている点である。それは英語圏の文献で、ネオリベラル経済学者ジョージ・スティグラーが言うところの、まさに「虜 capture」になっている状態だということである。

ネオリベラリズムは――道徳的に動機づけられたグローバルな介入主義もここには並行して存在するが――脱政治化の効果をもたらすように見える。それは、可能な限りその代表者が不可視化しようとする一つの政治形態なのである。カール・シュミットの視点からすると、リベラリズムは総じて政治的諸問題を純粋に倫理的そして経済的問題へと溶かし込んで解決しようとしてきたと言い得るだろう。隠し立てをせず対立の決着をつける代わりに、道徳哲学者を議論させ、実業家たちに交渉させた。どちらの場合にも明らかな結果が得られ、そしてもはや疑問の余地は残されていないように見えた。そして、たとえば個人の権利や、また企業の権利が新しいネオリベラル的世界秩序の補完的要素として文書で保証されるようになった場合などは、時には論争は収束することもあった。(27)

二〇〇八年以降、ネオリベラリズムの道徳的約束事やマーガレット・サッチャーが成し遂げたかった心への働きかけは、たいしたものを残さず消滅した。しかし、規律化の方は残った。この間、特に官僚機構全体に規律化が定着していたため、経済分野以外の、たとえば大学や保険医療制度などにおける競争を促すことになったからである。官僚機構は社会の多くの分野で恒常的な評価を通じて圧力をかけ、不条理な制度を作り上げた。たとえばドイツでは学者たちの間で「万人の万人に対する協力」(ユルゲン・カウベ)といったおかしなシステムが新しく作られ、イギリスでは数百万人の生活保護受給者がありとあらゆる些細な軽罪で制裁を受けた[28]。国家の「顧客」のように見える人びとは、その「購買力」を行使することができなかった。というのも彼らは全く購買力がなかったからだ。ネオリベラリズム以外に問題を解決できるものはないといった規範を示すのは、もはや不可能であり、事実としてそれが眼前にひたすら残っただけだった。そして、冷戦時代のリベラルたちが理想的国家だと（ただしユートピアとしてではなく）宣言した英国は、時間をかけてゆっくりと、だが確実に衰退した。

遅くとも二〇〇八年以降、これまでにも増してリベラリズム批判の型が増加し、それらは部分的には相互に補強しあう形で広がった。それはとりわけ、偽善的な「リベラルエリート」に対するポピュリスト側からの批判であり、またリベラリズムとネオリベラリズムが実際には不可分のものであるとして描かれる、より根本的な「リベラルな近代」に対する批判であった。

第2章　むち打ち症をわずらう

このところ、よく耳にするようになったのが、私たちが「ポピュリズムの時代」に生きているという表現である。また、文学者のアルブレヒト・コーショルケは、政治的に分極化する兆候がある中で、「ポピュリズム」という言葉を使う人は、おおかた「リベラル」の敵陣営に加えられると指摘している。続けてコーショルケは、それゆえポピュリズムについて語る人は、リベラリズムについて黙っているべきではない、と述べる。(1)「ポピュリズムの時代」云々の文脈で発言する人の多くは、リベラルはポピュリズムに対して道徳を説くことでしか対抗していない、それがこの現象をますます強めているのではないか、と非難するのである。(2)

現代においてリベラルが犯してしまった誤謬とは、正確には一体どんなものなのかを問うことが大切である。そのためには、反リベラルの「反撃」を想定するのではなく、衝突後の「むち打ち症候群」について考えてみた方がいいのではなかろうか。他ならぬリベラルは、これまである程度、人間の進歩に対する楽観論を携え、たいていはうまく運転してきたが、突然、思わぬ障害物にぶつかってしまったという感情を抱いている。まずい運転をしてしまったのだろうか？　進む方向を間違ったのだろうか？　誰がそもそもハンドルを握っているのだろうか？　「リベラルエリートだ」とポピュリストは言うだろうが、同じように主張するジャーナリストや学者たちも増えているのではないか？　社会学的観点からすると彼らは一体何者なのだろうか、そして彼らを「リベラルエリート」と呼ぶ根拠は何なのだろうか？

想像上の人民の敵

そもそもポピュリズムとは一体何なのか？　今日の常套句では、エリートを批判する、あるいは「体制」に対して憤りを抱く人はみな、民主制にとってどこかしら危険なポピュリストに違いないということになっている。ごく当たり前のように思えるが、よくよく検討してみると、実はこれは非常に奇妙な考えなのだ。数年前までは良心的な社会科女性教師やしっかりとした政治的意見を持つ教育関係者なら誰もが、権力者を用心深く注視できる姿勢が民主制への参加の証である、と述べたであろう。ところが、二一世紀初めになると、突然、権力者への不信感が民主制に対する危険なのだ、と言われるようになった。

もちろん、ポピュリストが野党になっている場合、政府を批判しているのは事実である。だが、ポピュリストはそれ以外のこともする。すなわち、あれやこれやの方法を用いて彼らは、しばしば「真の人民 Volk」あるいは「サイレントマジョリティ」を代表しているのは自分たちだけなのだ、と主張する。これが決定的に問題なのだ(3)。この自分たちだけが代表しているという主張から次の二つのことが引き出される。まず第一に、権力争いをしている相手は根本的に正統性のない存在として貶められる。民主制では普通だと見なされるようなこと、理想を言えば生産的だと見なされるような意見や価値観の相違でさえ一顧だにされない。むしろ、他の人びとは腐敗しているから性格が悪いのだ、と一掃する。ドナルド・トランプがヒラリー・クリントンについて主張したことは極端ではあったが、ポピュリストとしては標準的だ。

あまり知られていないのだが、ポピュリストが使うより婉曲的な表現として、真の人民——とどのつまりは象徴的にしか理解されない概念——を理解できない市民はすべて、真の人民ではない、というものがある。当時ブレグジット党党首だったナイジェル・ファラージは、「真の人民」について語り（そこで含意されていたのは、英国人と思われていた多くの人びとがまさに真の人民ではないということである）、トランプはあらゆる類いの批判者をすばやく「アメリカ的ではない」と非難し、合衆国で生まれた女性政治家たちに対して「自分たちの国」へ帰れと要求した。[4]

したがってポピュリズムにおいて決定的——そして危険——なのは、エリートに対する不信ではない（どの市民も権力者に対する批判を許されているが、その批判が常に正しいとは限らない）。「反多元主義」、つまり他を排斥する傾向を有している点が問題なのである。このような排斥は政党政治レベルでは非常に目を引くが、ポピュリストが人民の一部を——そうでなくともすでに弱い立場にあるマイノリティを——「偽物」（あるいは人民に対する明らかな裏切り者）だ、と公言する際には、あまり目立たない。

ポピュリストがたとえ「人民の統合」が必要だ、とくり返し述べたとしても、彼らの政治的ビジネスモデルは実際には分断することであり、それは対立を先鋭化させる。まさに彼らが同質な人民による政治的身体*——「真の人民」——が存在すると思い込んでいるがために、「人民の敵」を可視化させ、「真の人民」を「人民の敵」から区分する「文化闘争」を、常に行なわなければならないのである。

そこに、「国際的リベラルエリート」あるいは「グローバリスト」が上手い具合に登場する。彼らを裏切り者として描くには何の苦労もいらない。彼らが正統性のない人たちだと易々と非難されるのは、見るからに庶民的ではないからであり、真の人民の意思を実現しようとしているようにも実際には見えないからである（たとえば英国のブレグジット支持者たちはこの理屈をくり返し持ち出して自分の立場を確認している）。ポピュリストたちはヨーロッパにおいて今日「主権主義」と呼ばれるもの、つまり国民主権を無条件に擁護するという原則を支持しており、外圧に屈する形で、リベラルエリートが支配する国際機関に国民国家の主権を引き渡す必要があるという考えに対抗している。(5)

ポピュリストたちはいろいろな点で想像上の敵と戦っているとも言えるだろう。基本的にはナショナリズムとポピュリズムは異なる現象ではあるが、親和性を持っている。なんらかの方法で均質な人

＊ Volkskörper の訳。政治的身体 body politic はギリシア・ローマの哲学に由来し、社会、都市、国家などを比喩的に物理的身体と見なす概念であったが、中世以降、国家の政治的・法的諸制度を身体器官の名称を用いて表現するようになった。後にホッブズが国家を人工的人格として捉える際にこの言葉を利用し、近代的国家論へと発展させた。一般的に、王が特権的に保有していた政治的身体——人々を導き公共の福利をはかる政策・政府等——は政治諸制度の歴史的変遷に伴い人格を伴う国家を指すようになった。ドイツ語においては Staatskörper と訳されたが、一九世紀後半の国家統一の過程で、人口学の観点から国民・民族を一つの生命体として見立てる「民族の政治的身体 ethnic body politic = Volksköper」へと翻案されて用いられるようになったと考えられる。一九世紀末以降、人種衛生学がこの概念を取り込み、有機的かつ生物学的な一体性を強調する一方で、それとは異なる他者を「病原菌」「寄生虫」「病気」などと表現して排除することになった。

民の政治的身体を想定しなければならない右翼ポピュリストにとって、文化的にあるいは民族としてふつうに理解される国民はことのほか好都合である。ナショナリストは、どんなに控えめに言っても、国民帰属に非常に大きな道徳的価値を置く。だが、あらゆるナショナリストが自動的に「アメリカ・ファースト」や「イタリア人第一」等々の立場に与するとは限らない。畢竟、国民が利益を得られるならば、国際協力も相変わらず正当化されるのである（たとえば「ユーロはドイツにとって価値がある」といった発言を思い浮かべよ）。事実、今日では、あらゆる政治家はこの最小限の意味でのナショナリストである。ナショナリストは、国境を越えて相互利益のために協力する用意がある点において、「帝国主義者」とは言えないのである（ナショナリスティックな哲学者たちの新集団はこの点を間違って示唆している）[6]。だが、ナショナリストが国民に対して行なう約束が国民すべての利益にはならないというケースは頻繁に起こる。国民の利益ではなく、「グローバル」な正義を政治的ヴィジョンの中心に据える「グローバリスト」は確かに存在しているとはいえ、残念ながら、多くの点において、政治的にはまったく無力な存在だと言わざるを得ない。

それに劣らず問題なのは、「リベラルでコスモポリタンであるエリート」という一般化が、経験に基づいているように見えて実は道徳的な含意を持つということである。英国のジャーナリスト、デイヴィッド・グッドハートは、「ポピュリストの暴動」[7]についての著作の中で紹介した区分にそって議論の方向を示した。グッドハートは、社会における新しい分裂、つまり「ここしかない派」（地元で暮らす人）と「どこでもいい派」（グローバルにどこでも暮らしていける人）との間の分裂を指摘した（彼自身ロンドン・イズリントンの左派リベラル「族」との関係を絶って、多くのメディアを賑わせた）[8]。ドイツ語の言い方ならば、ある人びとは深く故郷《ハイマート》に根づき、地元あるいは国民文化と密接に結びつく。もう片方の人びとはどこでも自分の家と感じられる。後者はリベラルで、普遍的な考え方をし、加えて教育水準も高く、何よりも収入が多い。しっかりと根を張っている「派」と根を張っていない「派」との対立がブレグジットやトランプの大統領当選等を説明してくれる、と言うのである。

このような区分にはすぐに納得がいくかもしれず、知人仲間からそれを説明できる（とりわけ「どこでもいい派」の）具体例がたくさん思いつくかもしれないが、それは早合点だろう。(9) 経験的に言ってまず第一に重要なのは、ほとんどのエリートが、そして経済や政治におけるエリート中のエリートも間違いなく、もっぱら「その国の国民」だということだ（英国のように、高技能労働者「そして」低技能労働者にとって「開かれた」社会もあるが、そこでも財界ですらリクルートされるトップ人材はまずもってその国の国民である）。(10) また同時にスイスの歴史家カスパー・ヒルシが次のように述べたことは正しいかもしれない。今日の経済エリートたちは一九世紀の経済エリートたちと比べて文化的により開かれているが、社会的には閉鎖的である（これはまた、かつての労働者、下層階級、あるいは抵抗する若者たちも同様にしばしば国境を越えて大衆文化を身につけていた一方で、経済分野や他分野のエリートはむしろ伝統的な教養・文化の規範に固執していたことを思い出してみれば理解の助けになるだろう）。(11) また、かつては――多くの国では今日でもそうだが――権力や財力のある人びとではなく疎外されている人びとやマイノリティの方が、彼らを不当に扱う国民国家に対する帰属意識を強固には持っておらず、「世界市民」を自負していた。「物質的所有あるいは教養が貧相であれば貧相であるほど、より故郷《ハイマート》に執着する」と考えるのは、せいぜいよくとも右翼ポピュリストあるいはポピュリズム論者の心の投影であり、「普通の人びと」が持っていない感情を彼らがこっそりと押しつけているのである。[12] 今日のエリートは、名ばかりの国民であるだけでなく、歴史的な先人よりも「彼ら」の国民国家に対する責任感が明らかに希薄なのかもしれない。[13]

誤解を避けるためにあらかじめ言っておく。エリートは批判されてよいし、しばしば批判されなければならない。だが、その際、インターナショナルであること（あるいはコスモポリタニズムのような哲学的な立場）をエリートと常に結びつけて捉えるのは一種の詐術である。これでは、国民を重視する人々や国民国家が、普通の人民や抑圧された人びと等々にとっての唯一の希望であるかのような図式が自動的にできあがってしまう。ナショナルエリート（そして「右翼の平民」と自称するオルバーン・ヴィクトルのように人民の唯一の代表者を自認する人びと）が下層民を犠牲にして利益を得ている可能性があるという紛れもない事実を、政治的視界から知らないうちに消し去ってしまうことになる。

第二に、このようなエリートたちの政治的見解はいつも一義的にリベラルなものだとは限らない。そうした性格付けは、多くのジャーナリストならびに大学教員には当てはまるかもしれないが、すべてに該当するわけではない（加えてこうしたエリートは、通常自らの職業倫理を十分に真面目に意識し、彼ら個人の政治的態度が報道や教義を左右するようなことはない）。しかし、こうした「発言するエリート」（アルミン・ナセヒ）は、社会学者のミヒャエル・ハルトマンが正しく指摘したように、経済、政治、行政や司法分野に今なお存在する本当に影響力のあるエリートではない。多くの観察者は、文化資本は今や財政や行政における意志決定権よりも重要である、あるいは少なくとも経済資本と文化資本は今日では全く融合している、と指摘するデイヴィッド・ブルックスのようなジャーナリストの考えに乗せられてしまっているのである。[14]

文化資本が重要ではないと言っているわけではない。権力が事実上世襲される理由の一つは、エリート校およびとりわけエリート大学へ進学することで伝統的エリートがよしとする社会性や表現の仕方が身につくからである。[15] また、階層序列を重視し、ひどく官僚主義的な企業が個々人による創造的表現の機会を摘んでいるとの批判を、企業が巧みに（そして生産的に）自らのものにしてきたことを否定するわけではない。[16] しかし、だからといって、文化的あるいは「芸術的」資本が現在において幅をきかせているわけではなく、くだけた調子のシリコンバレーのIT企業オーナーが、パーカー姿で新製品をプレゼンするという陳腐なイメージが、全ての現実を映し出しているとは言えない。なぜなら快適で新しいインターネットの世界を私たちにもたらしてくれているのは、未だに主としてエンジニアやソフトウェア開発者だからである。

第三は、「コスモポリタン」と「リベラル」はそれぞれ異なるものを指すということである（フリードリヒ・シラーのような人がすでに一八世紀の終わりに、「リベラルなコスモポリタン」を絶賛していたとしてもである）。たとえば誰かが外交官として多くの歳月を送ることでコスモポリタンになったとしても（独自の経験からより多くの生活様式を学んだとしても）、それによって、必ずしも自動的に寛容になったりあるいは政治的に急進的になったりするわけではない。確かに一定の超国民的エリートがもっぱら同じような関心を抱き、そういった背景を分かち合ったことで生まれた基本的立場を共有することで容易に協力し合えるというのは、その通りかもしれない。だが、だからといってこのようなエリートが国民という枠組みで行動しないわけではなく、当然のことながら特定の、そして部分的には国民の利益となるものを追求するのであって、なんらかの点で普遍的意義があり得る利益だけを追求しているのではないのである。グッドハートの見解、つまりあらゆるところで「どこでもいい派」が議論で優位を占めている構図は、ヨーロッパの国民国家のリーダーたちの体験とは容易には一致しない。

さらに「リベラルエリート」が直ちに啓蒙理念の遺産を有していると見なすのも誤解である。まずもって、この理念はご存じの通り決して一義的なものではない。自国の憲法を尊び自分がその国民国家に帰属意識を持つことは、普遍主義的原則と齟齬を来さないし、その原則でもって完全に正当化できる（「憲法パトリオティズム」というキー概念が示すように）。だが、その同じ原則に基づいて、六〇〇〇キロも離れたところに住む人びとも、自分の住む都市の住民と道徳的には隣人だという哲学的姿勢を示唆することもできるのだ。そもそもリベラルなコスモポリタンが「地域的な観点」よりも常に優先させていると思われている「グローバルな見方」なるものは、それ自体、決して自明なものではない。(17)

最後に、社会科学者が新たな対立の当事者を表すのに見つけ出した呼称は、一見してわかるように、必ずしも価値中立的ではないことを忘れてはならない。「コスモポリタン対コミュニタリアン」という対立図式は確かに価値判断を伴ってはいないが、この見方自体、それぞれが独自の世界観を持ち、一貫した価値観を具えているという前提に立っている。社会の現実においては、ほとんどの人間が自分は「世界に開かれた」人間だと自認しつつ、秩序だった故郷《ハイマート》への憧憬をも有している。(18) さらに、政治的見解と物質的利益は必ずしも一致するわけではない。ドイツの輸出産業で働く熟練労働者を「コミュニタリアン」だと見なすのは本当に正しいのだろうか。(19)

ここで再びコスモポリタンに話を戻してみよう。彼らは普遍主義者を自称しているが、自己欺瞞に陥っている、なぜなら、コスモポリタンも一つの「部族現象」にすぎないのだから（さらに、彼ら独自の原則が、他のあらゆる部族が有する原則と比べて欠点が少ないと思い上がるべきではない）、といった具合に大雑把にまとめられることがある。そこには、しかるべく理解された普遍主義とはそもそも保障されたものでも完璧なものでもなく、常に批判（と自己批判）を免れないという視点が欠けている。反リベラルが「部族主義」についてのおしゃべりをすることで、とりわけ興味深いのは、あらゆる機会を捉えてリベラリズムを「何でもありの」相対主義だと非難する彼ら反リベラルが、特定の帰属（そして自らの出自に依拠する見識）を絶対視する世界観を持っていることである。

まとめると、欧米社会の市民の二〇〜三〇パーセントが本物の普遍主義者であり、世界を左右するエリートがこうしたミリューを持った層から輩出されているとの考え方は、どう見ても「浮世離れしている」。それにもかかわらずポピュリストはもちろん、自らを「誇り高きポストリベラル」だと称するデイヴィッド・グッドハートのようなポピュリズム専門家は、「リベラルエリート」という単純で非歴史的な敵の像を確立するのに成功した。多くの人びとは、「グローバルクラス」であるリベラルエリートが、彼らに見合った飛行機の席に座って軽やかに飛び回り、何らかの形で根を下ろしている同胞を見下し、偽善的な方法で「後に残された者たち」にお説教するのだと確信しているのである。

リベラル 対 ポピュリスト、偽善者 対 憎悪する民衆——という対立し損ないの構図

最も広義の「リベラル」のアクターたちの多くが、ポピュリズム——ここでは反多元主義の一形態として理解されたもの——に対して主として道徳という観点からこれを排除しようとした、という最

初の印象は間違っていない。ＡｆＤ*が力をつけだすと、多くの政治家はできる限り完璧に排除することでこれに応えた。たとえば、ポピュリストとはパネルディスカッションをしたがらなかった。ポピュリストがすでに議席を持っている場合は、彼らが発言するたびに、それを無視するか、示威的に議場を立ち去った（おそらく多くの人びとは、ジャン＝マリー・ルペンがどのようにして空《から》の国会議事堂において大声で演説をしたのかをまだ覚えているかもしれない）。

だが、いきなり完全に排斥する戦略は二重の意味で誤っていた。（少なくとも、ポピュリスト政党の政治的抑え込みを戦術目的として措定していたとすれば）それは作戦としてほとんど機能せず、加えて民主主義理論の観点からも深い問題があった。実際に、排除は逆効果だった。というのも、リベラルエリートはポピュリスト支持者の関心事を顧みず、タブー視されているテーマを持ち出してくれるのはポピュリストだけだ、というシナリオを見事に裏づけてしまうからである。さらに、議席を得たポピュリスト政党を排除するのは、民主主義理論からすると、ポピュリストに投票した市民を排除することにもなってしまう。ポピュリスト政党に票を入れたあらゆる有権者自身が、ポピュリストと同様に根っからの反多元主義者である、という結論を出すのは短絡的であろう。[20]党のリーダーたちが反多元主義者なのは、自らあらゆる公共の場でくり返しそう述べたので自明である。だが、ほとんどの場合、有権者がそうであるのかどうかはわからない。さらにこれら有権者の多くは、ポピュリストの排他的レトリックとは全く関係がない政治的嗜好（たとえば強力な産業政策への関心）を有していたかもしれない。そもそもポピュリストと全く話さないのであれば、こうした問題について語るのさえむずかしい。それゆえ少なくとも間接的に、一部の市民の声を事実上遮ることになってしまうのだ。

ヒラリー・クリントンは、トランプ支持者が全く「嘆かわしい」——つまり質《たち》の悪い（あるいはもっと厳しく訳すと、軽蔑に値する）と述べたことでかなりの叱責を受けた。トランプの発言も十分に軽蔑に値してきたし、値するのだが、彼への投票者のかなりの部分がこうした煽動的なレトリックをまさに楽しんでいたとも言えなくはない。クリントンの発言で本当にスキャンダラスだったのは、彼女がトランプ支持者をおまけに「救いがたい」と非難したことだった。民主制は市民がその意見をときどき変える（すべての人びとが絶対に投票行動を変えなかったら、一体何のために選挙があるのだろうか?）という期待を土台にしている。救いようのない人びとがいる、と主張するのは、ひどく非民主的である。こうしてクリントン自身ポピュリストに対して「あなたがたが他の人びとを排除するから、私たちが今度はあなたがたを排除する」という標語を述べて、ポピュリストと全く同じように振る舞うという罠に陥った。これを「モラリズム」と名付けるかどうかは決めずにおくが、戦略的にも規範的にもどのみち間違ってしまったのである。

もちろん、逆方向への過激な間違いも頻繁に起きた。いわゆる「メインストリームの政治家」がポピュリストという敵に関する自身の評価を急激に変えることはよくあることだ。たとえば、まずポピュリストは人びとに間違った約束をする純然たる煽動家であり、決してその言葉を信じてはならないポスト真実《トゥルース》の政治家である、と述べる。だがそれが突然、全く正反対の発言をするようになる。すなわち、ポピュリストは誰も理解してくれない市民たちの本当の「心配や困窮」について知っている

＊　Alternative für Deutschland「ドイツのための選択肢」。反EUを目指して二〇一三年に設立された政党。

のかもしれない、と。とりもなおさず、ポピュリストが当選することで、彼らはある種の社会学的専門知識を独占できるようになる。そこから次のステップに至るのは明らかである。すなわちポピュリストに調子を合わせ始めるのだ。というのは、彼らはそう、真実を言っているからだ！

これもまた戦略的に誤りで、民主主義理論の見地からするとかなりの問題含みだと言える。まず第一に、この「模倣を通じた破壊」という逆説的なアプローチは全く機能しない[21]。同じように、いくら素早く右翼ポピュリストたちに追いつこうとしても、彼らポピュリストは移民・難民政策といったテーマにおいて常に一歩先を歩んでいる（そして常に新しく、厳しい要求を突きつけている）。二〇一六年にニコラ・サルコジが政治的復帰を果たそうとした際に、マリーヌ・ルペンのオウム返しをしたことで完全に失敗し、そのため痛い経験をしなければならなかった。メインストリームの政治家がはっきりした確信もなくポピュリストの立場をとりあえず正当化する場合、冴えないコピーよりは、オリジナルの方に投票するのが人の常だからである。

だが、ここにはもっと大きな問題がある。「メインストリームの日和見主義」——他に表現しようがないのだが——はしばしば政治的スペクトルを、総じてゆっくりと、だが避けがたく着実に——今の議論で言えば右へと——方向転換させてしまうのである。多くのメインストリーム政党の支持者たちは、日和見主義的な政党の指導者たちが目論むような政治的先鋭化を無条件で欲しているわけではない。彼らはいつものように、最も中庸だと思う政党を単に選んでいる。だが過去数年の間にデンマークやオランダで生じたように、ある時点で有権者は移民・難民政策などの問題については極右の方向に傾いてしまった。単刀直入に言うと、制限的アプローチが必ずしも非民主的なものになるわけではない。問題はむしろ、民主的な観点からこれまでは決して認められなかったような理解しがたい変化が生じた点なのだ。そして、より厄介なのは、メインストリームの政治家たちが、組織的にマイノリティに対する恐怖を煽り、かつては極端な煽動だと見なされていたものを社会的に容認可能なものにしてしまったことである。

〔オランダの〕右翼ポピュリストのヘルト・ヴィルダースとは一線を画して、自らリベラルで親ヨーロッパだとアピールした〔保守派の首相〕マルク・ルッテを取り上げてみよう。ルッテは二〇一七年の議会選挙の前に「普通に振る舞うか、この国を去るか」というスローガンを掲げた。だからといってルッテがポピュリストになるわけではないし、自分が唯一のオランダ人民の正当な代表だと主張したわけでもなかった。だが、一国において文化的な「健全性」のようなことを規定するのは政府首相がやるべきことではない。ルッテは、ヴィルダース（やボーデ）の政治交渉モデルの根底にある「アブノーマル」とされるマイノリティへの恐怖をまさに煽ったのである。

政治家たちは日和見主義だからといって「必ずしも」非難されるには及ばない（ここでまた非難したら、「説教」になってしまうかもしれない）。彼らの中には、「代表の格差」の存在を誠実に理解している者もいるだろうが、その「格差」の在り処は抜け目ないポピュリストの政策起業家が突き止め、代表の不足を満たそうとする。日和見に陥る政治家が政治家であり続けたければ、このような政策起業家の顧客の望みを真剣に取り上げてやらなくてはならない(22)。

しかしこのように「代表の格差」の論理を理解してしまうと、民主的代表制がいかに機能するかに関して、誤解を招いてしまう。これは、現存する利害やアイデンティティさえも、ある種、機械的に再生産されると思い込んでいるところから生じる。後者〔アイデンティティ〕は、さらに客観的に与えられたものであり、ポピュリスト政治家だけがこれを発見でき、自動的に政治システムに反映できると仮定されている。

　しかし、民主的代表制は一つのダイナミックな過程として理解する方がずっと説得的だろう。そこでは、市民の利害――もちろんある程度はアイデンティティも――は政治側（また市民社会の、友人の、親戚等）の「代弁の申し出」を通じて形成され、さらにまた常にくり返し変化し得るからである。[23] それだからといって、すべてがここでは意のままに操作され得ると言っているわけではない。だが、利害やアイデンティティ――そして最終的には社会的な対立も含めて――の描写には、代表の格差という静的なイメージが示唆するよりもはるかに多く操作の余地がある。

　たとえば、「コスモポリタン左翼」を擁する「コスモポリタンの首都」（ヴォルフガング・シュトレーク）と、「取り残された」人びとが生活する田舎との間にしばしば生じる嘆かわしい対立が、究極的には文化的なものだ、とは決してはっきりとは言えない。むしろ、「取り残された」生活様式の多くが一般的に十分に代表されていないか、代表されていたとしても、くだらないものだとして見捨てられてしまっている、と見る方が正しい。アメリカ合衆国のアパラチア地方のことを思い浮かべてみて欲しい。あるいは英国の主流メディアが英国南東部以外の地域に関してはめったに報道しないことを考えてみてもよいだろう。だが、都市と田舎の格差は、どう考えても「文化的」な理由によるものではなく、むしろ経済的な理由によっている。例をいくつか挙げてみよう。アメリカ合衆国の航空業界が七〇年代の終わりに規制緩和されて以来、多くの航空会社がコスト上の理由で僻地への乗り入れを中止するか、法外に高価なチケットを提供するかのどちらかになってしまった。また、地域の貯蓄銀行が閉鎖され、さらに炭鉱がますます鉱山労働者を必要としなくなり、同時に組合がどんどん弱体化した。[24]

「黄色いベスト」運動もまた、「フランスの周縁部」における文化的抗議というよりも、エマニュエル・マクロンが、自らの政策が多くの市民の生活実態に与える影響——人びとの生活が一台の車に依存するような現実（燃料費の上昇はグローバルな温暖化に直面して正当化されたかもしれないが、抗議をした人びとは世界の終わりよりも、月末のことを心配しなければならないのである）を、明らかにあまり考慮していなかったことに対する一つのシグナルとして理解されなければならないだろう。[25] 言葉の真の意味で無視されていると彼らは感じたが（だからこそ高視認性の黄色いベストが象徴として非常に効果的だった）、必ずしも文化的に不当に扱われていたわけではなかったのである。[26]

だからといってすべてを経済に還元してしまうような経済主義に肩入れするわけではない。だが、いつも当然のように文化を持ち出して説明するのではなく、アイデンティティやとりわけ利害の対立を全く異なる方法で同じように説得力をもって描くことができないかどうか、その意義を考えながら深く問うてみるべきである。[27] そうすれば、人びとは自分の経験を、ポピュリストが選挙で成功を収めようとして常に盛り込む物語のようには全く理解していないことがわかるだろう。[28]

また、実際に生きられた経験は、都会のエリートの「文化的傲慢さ」に常に翻弄される非力の「普通の人びと」という描写には、滅多にあてはまらないということもわかってくるだろう。誤りを認めたリベラルたちの多くは、もはや地方に住む同胞への優越感を持たないようにしよう、「笑いもの」

にはしてはならない、と自戒している。このことはよく知られている通りだ。それゆえ、リベラルだと公言するある人物は、みずからの「伝統と強く結びついた社会グループを過小評価し、酷評する真に破壊的な傾向」を後悔する。[29] 彼のような人たちに改悛する理由がないと、私は言いたいわけではない。また批判されるような「文化的傲慢さ」を見いだせる例が全くないと言っているわけでもない。多くの人びとはおそらく、クロイツベルクやプレンツラウアー・ベルクの長い夜*から具体的な例が思い浮かぶだろう。だが、まず第一に、この現象が実際にどの程度広がっているのかを疑ってみた方がよい。いわゆるリベラルエリートは他の対話テーマを十分に持っているのではないだろうか。次に、このような「貶める行為」はその場にいる者同士の具体的なコミュニケーションの場面では滅多に起こらない。とはいえ、馬鹿にされたいわゆる犠牲者が、常にリベラルエリートから軽蔑されているのだ、と述べることで利益を得る陣営があるのは確かだ。たとえば、フォックス・ニュースあるいはアメリカ合衆国の右翼ラジオ放送局は、文化闘争やルサンチマンの生産を自分たちのビジネスモデルにしている。面白いことに、リベラルたちは、いつのまにかこうした説明を自ら信じている観さえある。民主党党員がウォール街のオリガルヒーと密接に結んでいるという印象は、経験的に考えてある程度正しいのかもしれないと自問するよりも、トランプを選んだのはリベラルが親切ではなかったからだと述べる方が、どうやらリベラルにとっては受け入れやすいように思える。[30]

さらに「お互い敬意をもって接しよう」という呼びかけは、控えめに言っても政治的には幼稚に映る。高い教養を持ったリベラルも偏見に陥ることがあるというのは、特段驚くべきことではない。だが、そうしたリベラルは時として本質的理由から検討されなければならないものとして、ある種の生活様式を批判することがある。ただその際、批判の対象となる「伝統的社会集団」に対して感じの悪い議論を持ち出すわけではない。たとえば顕著な例を挙げると、男性を主要な（事情によっては法的にも特権を持つ）扶養者とする伝統的な家族モデルは、「伝統的」あるいは「田舎くさい」といった理由からではなく、多くの場合、法外に不公正である、あるいは事実上抑圧的だという理由でリベラルによって批判されるのである。

加えて、議会あるいはメディアでの公の政治議論と市民どうしの間での対立を区別して考えることが重要である。前者においては「けなす」ことも仕事のうちかもしれないが（ヘルベルト・ヴェーナー**のような人物は連邦議会の議論でも必ずしもよい人だったとは限らない）、後者の場合、特定の政治的立場が理由で攻撃されることはない代わりに、原則的に政治コミュニティから排除されるという印象がすぐに生じる。議会では、相手の正統性を否定したり相手を敵視しなければ政敵を嘲笑することは許される。民主制にはコンセンサスではなく対立が付き物だということは覚えていてしかるべきだろう。

＊　双方ともベルリンにある地区の名称。前者にはトルコ系ドイツ人が現在まで多く住み、後者は貧しい学生や芸術家の居住地であった。現在は一九七〇年代のヒットソング〈クロイツベルクの夜〉に出てくるような寂れた飲み屋街のイメージとは打って変わり、一九九〇年代以降都市の再開発や観光振興のためジェントリフィケーションが進んだことで、高学歴・高給取りの青年層、クリエイティヴな職業に就く人々が多数居住するようになった。「長い夜」とはこのような人々や観光客向けの娯楽施設、多国籍料理店やバー・カフェ等が本来は休息すべき深夜まで開店していることを指す。そのため他の住民から騒音への苦情が多数寄せられている。

＊＊　一九〇六〜九〇。ヴェーナーは西ドイツ、社会民主党の政治家。辛辣なレトリックと罵倒で有名で、意見の合わない議員に対して個人的に侮辱を与えた。議長による公式問責がしばしば行なわれた。

もちろんこの対立は平和裡に行なわれなくてはならないし、可能な限り礼儀正しく行なわれる必要もある。だが、そうした議論が可能になるための空間がまずは必要である。

リベラルエリートによって文化的に冷遇されている――それが正しいか間違っているかにかかわらず――と感じている市民には、別の提案をすぐに示さなくてはならず、そうすれば、ポピュリストの悪夢が終わるだろうと言いたいわけではない。自覚するには時間が必要である。AfDからだけではなく、他の人びとからも、典型的な「AfD支持者」として長い時間をかけて見なされるようになった人が、やがていつか自身もそうだと自覚することになる。二〇一六年の時点では、おそらくまだ「トランプ運動」は起きていなかっただろう（二〇〇九〜二〇一〇年に何百人もの市民が犠牲を払って参加したティーパーティ運動*とは対照的に）。だが、今日はそうではない。トランプ大統領が誕生してからだいぶ経った現在、トランプによってだけではなく、他のあらゆる人びとから筋金入りの白人ナショナリスト（完全に人種主義者と同じではないにしても）と見なされた多くのアメリカ人が、自らを第一に「トランプ主義者」と規定したのである。

最後にもう一つリベラルがくり返し陥る典型的な罠を確認しておきたい。トランプのような人物が一日に一回嘘をつくならば、我々の側にはもっぱら真実と合理性があり、向こう側は一人残らず、事実に基づかない主張をするポスト・トゥルースの政治家であるといった結論を出してしまうことである。ここから先は、「テクノクラート的」と短く要約してもあながち間違ってはいない態度への第一歩となる。すなわち、いかなる政治問題にも合理的な解決が一つだけあり、これを受け入れない人びとは自らが非合理的であるのを暴露している、と主張され、したがって、議論あるいは議会での論争は、もはや実際には必要ないとされる。

そのような態度をここでは大袈裟に描いてみたが、これはたとえばユーロ危機の時代からよく知られており、九〇年代の第三の道についての議論とも矛盾しない。だが、そういった姿勢はまたしてもポピュリストを迂遠ながら利することになってしまう。というのは、選択肢を一切与えない民主制や、あれこれの問題について人民に意向を諮る必要のもはやない民主制をポピュリストが差し出すのを、正当化してしまうからである。くり返しポピュリストが選挙で成功するたびに、テクノクラートは人民の理性に対する評価を下方修正しなければならず、より多くの決定を官庁や選挙では選ばれない政治的主体に委ねようとするだろう。これがまたポピュリストを余計に勢いづけることになる。一つの悪循環が生じると言ってもよい。だが、あまり知られていないのは、極端なテクノクラシーとポピュリズムは何かしら共通するものを持っているという点である。それらは共に反多元主義の一種なのだ。テクノクラートの場合は、事実上一つの解決、つまり〔彼らのやり方に対して〕異議を唱える人は自分が非合理的であることを暴露しているとする。ポピュリストはこうである。一つの正統な人民の意志しかない（そしてそれはポピュリストだけが知っている）。これに異議を唱える人は人民の裏切り者だ、と主張するのである。民主制が本来約束しているのは、実質的な選挙可能性であり、代替案についての議論であり、修正し得る決定なのだが、それらはテクノクラシーとポピュリズムの両極端の間で深みにはまって消えてしまう。結局その二極はともに「選択肢の不在」の二つの表れなのである。

＊　大きな政府を求めるオバマ政権を税金の無駄遣いであると批判し、小さな政府を推進しようとした運動。

ここで、リベラルは再び脱政治化の戦略を採用する。そうすることで、これまでのところは十分上手く行った。だが、それは中央銀行や憲法裁判所などの投票を経て選ばれた人びとからは構成されていない諸制度が、彼らの政治的環境の中で正統性があるように見えるかどうかにかかっていた。「合理性」による決定は、政治的問題のない真空で下されるのではない。だからといって、必ずしもリベラルの戦略が自動的に偽善的なものになるとは限らない。だが、彼らはそれらの戦略が他の可能な選択肢よりもよいということを示す理由を必要とする。この点については後で戻ってくることにしよう。

それほど新しくはない反リベラリズムの精神

新しい反リベラルの情動が形成されている。それはとりわけ大西洋両岸の思想家に見られるが、彼らは少し前まで断固たる保守派と呼ばれた人びとであり、今日では多かれ少なかれ人種主義的傾向を持つ新右翼や、アメリカ合衆国において「極右《ファーライト》」あるいは「オルタナ右翼」と名乗る人びととは慎重に一線を画している。(31) 情動と書いたが、それについては議論の余地がないわけではない。だがまた、過剰に心理学に依拠することなく終末論的な衝動と見なせるかもしれない何か、ティリー・ボーデ風に言えば、十分な数の人びとを「脱リベラル化」できないのなら、システム全体などはくそ食らえ！というモットーが示すような何かがあるのだ。

実際にこれが意味するのは、反リベラルの思想家たちが、自分たちの擁護してきた本質主義的価値観の名の下に、すでに民主制を掘り崩そうと懸命に努力している諸政党と同盟を組む用意があるということである。このことはいずれにせよ目新しいことではない。現在頻繁に言及されているあの一九二〇年代、三〇年代との類推は多くの誤解を招くだろうし、また、今日の右翼ポピュリストはファシズムの再来と見なし得るといった主張をここで繰り広げるつもりはない。だが、キリスト教を源流として作り上げられた反リベラリズムを掲げる知識人たちの場合――おそらく救いようのないほど自由化された世界に対する絶望から――最終手段として権威主義的解決に訴えるか、少なくとも権威主義者と戦略的に同盟を組もうとする傾向は明らかに存在する。文化闘争にもはやライバルはおらず、いるのは閉め出す価値のある敵である。大衆を動員することを望む右翼ポピュリストと彼らの文化闘争が少なくとも部分的に一致する場合は、かつての確固たる反リベラル保守主義者たちも望めなかった影響力を展開させることができる。

新しい反リベラリズムでは三つの局面が際立っている。まず、リベラリズムは間違って導かれたか、少なくとも相対的に見て低俗な「人類学」に基づいているとする極めて伝統的な批判である。すなわち、高い徳の代わりにエゴイスティックな利益を、自己規律の代わりに多かれ少なかれ自分勝手な目的を、節度なく追求することに依拠しているという批判である。つまり、自由が消極的な意味においてだけ理解される世界、すなわち制限なき市場の自由と個人の恣意を縛り得る道徳的・文化的規範からの自由である。ポーランドのプラトン研究者（ヨーロッパ議会議員でもある）ルシャルト・レグトゥコによれば、リベラル近代と称されたものは、道徳的要請への期待を一貫して下方修正し、それを正当化することになるという。リベラル近代の「人類学的ミニマリズム」は、いかなる人間も尊厳を持つという幻想を作り上げたのである。一方で前近代の哲学において尊厳は、共同体あるいは宗教によって課された高邁な基準を満たして初めて得られるのだとした。[32]あらゆる強制からの解放は結局、空虚なものへの解放を意味するのである。リベラリズムに関して真理だと言われているものはニヒリズムとなる。

リベラリズムに対するこのような「常に人を動かし、のけ者にし、消去してしまう諸力」（ボート・シュトラウス）といった、やや型通りの批判の他に、反動主義者に典型的な語りがある。すなわち、「リベラリズム」は多くの点で、それが本来的に約束したものとは全く正反対のものを生み出しているというものである（ここでの「リベラリズム」はトマス・ホッブズやジョン・ロックのいくつかの引用へと即座に還元されるものを指す）。リベラリズムは、かつて権利を有した個人のための自立を約束するものであったが、個人が「不確かで力なく、恐れを抱き、孤独」であるような管理された世界を作り上げたとする。[33] リベラル近代の特徴は「国家統制的個人主義」という逆説的な概念で把握され得るような二面性である。すなわち「解放された」個人はまた主権を持つ消費者として（中絶や安楽死、あるいは「自殺幇助」も含めて）ものごとを決定できるが、完全に根無しの個人という面が一つ、そして個人の自律を保証しながら、実際にはあらゆる機会を捉えて個人の事柄に常に介入するという面がもう一つである。

この診断を事例を挙げながら具体化してみると、たとえば大学に対する「言語警察」のようなものが及ぼす作用であり、宗教団体の従業員が利用した避妊具の代金が健康保険から払い戻される際、アメリカ国家がその費用負担を雇用主である宗教団体に強制しなくともいいようにする態度である。[34] 国家は、国家と個々人の間に立ちはだかる共同体を全く完全に破壊する。さらにそうすることで、単なる勝手気ままに任せるのとは違う、自由に生きることができるよう個人を支え導く規範をも壊してしまう。その結果、アレクシ・ド・トクヴィルのようなリベラル思想家に恐怖心を植え付けた「アトム化した大衆」という解釈が生まれることになる。

家族であれ、隣人たちとの結びつきであれ、あるいは宗教共同体であれ、リベラリズムはどんな共同体も侵害するので、結果的に社会の多様性を弱めてしまう。多様性を旗印とするイデオロギーが均質化された世界を生み出し、そこで個々人は実際には様々な文化（や規範）をもはや体験できず、（カトリック系政治理論家のパトリック・デニーンの言葉を借りると）唯一の「反文化」を体験することになる。[35] リベラリズムは、（やはり全く新しいとは言えない）批判によれば、リベラルのガイドラインに従っている限り、すべての生活様式に寛容なのである。

こうしたリベラリズムの弁証法と名づけ得るものはついには、経験論的な根拠を売りにして独特な運命論を唱える予言を呼び込む。リベラリズムは墓穴を掘るだろうという主張がそれである。フクヤマを名指しして同調することはないにしても、彼の主張とほぼ一致する主張だ。それによれば、リベラリズムは一つの構築物であり、そこではすべてが調和し、必然的に結束している。マイノリティの自由権とネオリベラル資本主義は完璧に一体化する。加えて、個々人の承認を約束するものとしてではなく、あらゆる束縛からの解放として理解されるリベラリズムが、世界的な規模で人びとに強制される。そしてまさにこれこそが問題なのではないかと思えるのが、リベラリズムはそれ自身で新しく生み出すことのできない共同体の存在意義といった道徳的資源を食べて生きている点である。批評家たちは、リベラリズムは常に危機を生み出しており、その危機はより強力なリベラリズムという薬の投与によって悪化するだけだと言う。だが、新しい反リベラルたちは、地域の共同体に引きこもり、徳を育成し、そして終わりが来るのを待とう、と呼びかけるだけで、真の解決策を提供していない。その後に何が待ち受けているのかについては、リベラリズムが後に残した空白を再び「最高善」で埋めなければならない――明らかにそれは神学的に理解されるものだが――とだけ示唆しているのである。(36)

新しい反リベラルが資本主義に対する関係を明白にしてこなかったことは歴然としている。一方で、彼らはリベラルを偽善者だとして次のように批判する。機会の平等の約束は、リベラルエリートに有利になるように操作された擬似能力主義的な選抜過程によって組織的に妨害される、と。だが、資本主義経済の競争論理を封じ込めることができるのか、その競争論理を完全に廃止するのは、共同体を大切に扱うという根強い代替案でなければならないのかどうか、については明らかにされていない。

もちろん、ネオリベラリズムを道徳的強制からの漸進的解放（とりわけアイデンティティ）に結びつけたとするリベラリズム批判は、左派と括られ得る理論家も行なっていたことだ。だが、その議論は、近代の行き過ぎは自由と平等の行き過ぎとして最も整合的に説明できるという思想に近づかないようにするため、「自然」とされるものや宗教といった否定されにくいものに言及し続けなければならない。しかし、個人の権利を保障するリベラリズムは資本主義の最も野蛮な形と切り離すことはできないのであり、両者は継ぎ目のない塊として常に共存していることが、まず最初に主張される必要がある。(37)

もはや特別に宗教心を持たなくなった社会において、個人に対して向けられる国家からの強制を正当化する手段として宗教を利用する考えに違和感を持つ保守派は、第二の解決方法を「国民《ネイション》」という存在に求めようとする。とはいえ、「国民《ネイション》」はゆるやかな有機的共同体が呼び起こす憧憬に応えるようなものではない。さらにまた、揺るぎない忠誠心を示す最良の例ともならない（たとえ「国民的保守派」と自称する思想家が、未だに、「国民《ネイション》」は大きな家族のようなものだとしばしば主張するにしても）。だが「国民《ネイション》」は――人民がグローバリゼーションに抵抗するような――民主制の方へ、また――「国民《ネイション》」の構成員が相互に支え合わなくてはならない――連帯に向けた意思表示を示すことはできる。だが、こうした戦略はすべて、前述したような思想から「左派」的推論を引き出し、民主制や連帯に直接賛成を表明するといった本当に説得力のある結論を明らかに避けている。

今日、これらの新しい反リベラリズムの代表者たちは、右派ポピュリストが自然、宗教、そして真の国民文化によってあらかじめ設定された規範を擁護することを誓う限り、彼らと同盟する準備はできている。オルバーン・ヴィクトルのような自称非リベラル民主派は、あらゆる種類のインテグラリスト〔統合主義者〕によって支持されている。というのは、彼らは、家族政策に関しては道徳的・宗教的に正しいことを行ない、彼らの国家を「最高善」の方向へと向かわせようとしているからである。その際、ハンガリーとポーランドの非リベラル政府が政治的基本権を掘り崩していることは、彼らにとってどうやら重要ではないようだ。しばしばその基本権や三権分立が短絡的にリベラリズムのせいにされ、民主制に対する真の理解をリベラリズムが妨害しているのだとされる（一つの思想政策的戦略だが、この点については第4章で詳しく検討する）。

注目すべきは、リベラリズムに対する新しい根本的な批判は、右翼ポピュリストと結ぶことで効果を発揮する可能性があるということである。その批判が、貴族的とまでは言えないにしても、部分的に明らかにエリート主義的なものであったとしても（レグトゥコの場合には、品格——そして名誉——がまず第一に獲得されなければならない、と主張する）。ポピュリズムはそれ自体としては反知性的なものではないが、実際には多くのポピュリストが良識に訴えるそのやり方は、反リベラル思想家のなりふりかまわないレトリックと容易に連動する。彼らにとって大学は敵、つまり政治的に正しいリベラルエリートの牙城となっている以上、潰してしまいたいと願っているのである。[38]

今日の世界における苦難の体験は、数世紀来、世界を思い通りに形成してきた統一的な主体、「リベラリズム」なるものに原因があるとされる。この普遍主義的なリベラリズムとは、一つの帝国主義的イデオロギーであり、自立という抽象的理念の名の下で差異を消し去る努力をしてきたのだという。[39]つまり、たった「一つ」のリベラリズムが存在するだけであり、それのみがあり得るのだ、と。

第3章　シュクラーの地図を見る

ジュディス・シュクラーが一九八九年に恐怖のリベラリズムについての論文を公にした際、彼女は恐怖のリベラリズムをよく知られた二つのリベラリズムの間に位置づけようとした。一つは教養あるいは人格的発展のリベラリズム、もう一つが自然権*のリベラリズムであった。論文は大枠を示したものだったが、そこから生み出された政治思想の地図は間違ってはいなかった。だがここでの問題は、正確な地図は一体どのようなものかということである。

リベラリズムの歴史は盲点の連続であり、あるいはもう少し明確に言うと、様々な小さな偽善の連続として説明できる。「自由」「理性」そして「寛容」を称揚した人びとは、米国の奴隷制度や地球上のあらゆる場所での植民地的搾取を正当化した。(1) だがまた、リベラリズムがその実践においてリベラル思想でもって効果的に批判されてきたことを示すのも難しくはない。ただ、あまり知られていない

* シュクラーが用いた語は natural rights であるが、ミュラーはこれを Rechte としている。本書ではシュクラーの言葉に従い「自然権」と訳出する。

のは、自由な報道メディアのようなリベラルな制度の存在が、こうした批判を効果的なものにする上で決定的に役立ったということである。

だが、こう述べるからといって、リベラリズムは――あるいはリベラル民主制も――いつか必ず自己修正能力を発揮するだろうと言いたいわけではない。それはよく言われることかもしれないが、こう述べる人は、それがリベラルの自己満足だという印象をどれほど強めてしまっているかをあまり自覚していない。見たところリベラルは、万が一迷うことがあったとしても、疑うことなく「進歩」を待つ。進歩が実現する以前の、束縛され自由が利かない人びとの苦しみについては、無視してしまうのである。

革命後の過渡的理念および教養理念の思想としてのリベラリズム

政治思想史は各用語の歴史には還元されない。とはいえ、一九世紀初期より以前には、明白な政治的概念としての「リベラリズム」と「リベラル」という言葉はヨーロッパ諸語の中には見いだせないことがまず初めに注目されてよい。それより昔には「リベラリタス liberalitas」*という言葉があり、徳、つまり寛大さを意味した。また、あまり明示的にではないが、ルネサンス期の領主たちが心にとめておくべき支配のテクニックとしても、それは存在した（気前のよい領主はそうすることで好かれるようにした）。リベラルさ Liberalität は、長い間貴族的な規範として残った。貴族は気前よく振る舞える能力を持たねばならなかったのであり、それは一つの「名士の義務 nobless oblige」の形でもあった。[2] ジョン・ロックは自ら記した啓蒙書の中で、子どもは利己主義的であってはならず、他人に対して「親切で、リベラルで、礼儀ただしく」あるべきだ、と述べている。だが、この言葉には明らかに政治的意味はなかった。一八世紀には、「リベラル」はまた偏見からの自由〔解放〕を連想させた。リベラルは——現代的な意味においても理解できるように——寛容で開かれており、それに加えて一種の柔軟さがあり、機転が利くものだった。このような特長は個人とその性格にもとより結びついており——この文脈では「ジェントルマン」——、誰もが理解し実践できる抽象的な原則としては想定されていなかった。[3] トーマス・マンが、第一次世界大戦中にまだ自分を「非政治的」と表現した際には、自分のリベラルさを恥ずべき政治的リベラリズムと対比させたのであった。[4]

一七世紀以降、宗教的情熱が冷めるにつれて、「親切で、リベラルで、礼儀ただしく」ある機会は大幅に増化した。社会における主人公が商人になればなるほど（あるいはコーヒーハウスでの才気に富んだ会話ができるヒーローが増えれば増えるほど）、その確率は高まった。社会科学者のアルベルト・O・ヒルシュマンは、大きな政治的情熱が次第に後退し、市場において最適に追求できるようになった「正しく理解された利益」が、どのようにそれに取って代わったのかを描写した。[5] 一八世紀の理論家にとって、「市場」は自由に議論できる公共の場として認識されていたばかりでなく、少なからず解放を約束するものだったことが忘れられがちである。市場は封建的な依存関係から人を解放するだけではなく、市民としての立ち居振る舞いを洗練させ、同輩からの承認を勝ち取ることのできる場所でもあった。[6] 産業革命がこうした光景を事実上終わらせた。土地所有者あるいは自立した職人が、仕

＊ ローマ時代の文化で、無償で寛大に何かを与える徳のことを指す。

事をすることで同時に尊厳も確保されるという働き方は、労働がとりわけ工場での重労働を意味することになった時に終わりを告げた。それにもかかわらず非政治的な制度としての「自由な市場」の約束は残った。それは合理的個人が競い合う一方で、相互の利益のために協力できる場とされていた。

このような、「リベラルな性格」を涵養する制度的枠組みの模索は、フランス革命後に強化された。ロベスピエールによる暴力の狂宴、もしくは当時の多くの人がそう見なしていた事態はナポレオンによってようやく終わりを告げた。ボナパルトは自らを「リベラルの理念 idées libérales」の持ち主であるとし、スタール夫人のような自由思想を持った観察者も、やはり彼を「あらゆるフランス人の中で最もリベラル」だと証言した(7)。ナポレオンは市民に対して、革命の政治的成果を護り、同時に国家内の秩序と安寧を保障することを約束していた。多くの人びとの目には、ナポレオンの合理的な行政に理性そのものが実現されていると映った。しかし、プロパガンダの力によって自らを「リベラル理念の英雄」と演出した男は、カトリック教会の権力を復活させ、自由の名の下にヨーロッパを戦場にした。そして植民地では奴隷制を復活させたのである。

つまり、「はじめにナポレオンありき*」であった。それは二重の意味においてである。彼は市民に自由と安全を約束したが、それをリベラルが受け継いだことが一つ、リベラルな立憲主義と代議政治が理性そのものの体現であるという考えの浸透がもう一つである(8)。今日ではすっかり忘れられてしまっているが、リベラリズムはヨーロッパにおいては、長い間主にフランスの理念として認知されてきた(9)。「リベラル」という言葉も一九世紀の英国では大陸からの輸入品だと考えられていた。

だがナポレオン「帝国」はまた、革命を、自由だが急進的ではない政治へ移行させることに失敗したと理解されてきた。ボナパルトは人民投票によって再三自分の統治を正当化しようと——世論に対する厳しい管理下で——訴えてはいたものの、彼の統治は「反」民主制の論拠としても用いられることになったのである。

リベラル思想家は口先では人民主権に好意的だった。だがそれは、彼らが普通選挙権を支持することを意味しなかった。その逆である。市民（ならびに女性の市民）の大部分に選挙権を与えず、それをくり返し正当化した。それは、教育を受けているゆえ理性的で、経済的保証があるゆえ自立している男性のみが政治的に責任のある行動をとることができると考えられたからである。教養と所有は明らかに、理性それ自身に付随するものであった。[10] ヨーゼフ・ゲーレスのような批評家の見解では、このようなリベラリズムは資本家の「金銭的驕慢」と知識人の「知の尊大」の不幸な同盟に他ならなかった。[11]

歴史家かつ政治家でもあり、短期間フランスの首相（一八四七〜四八）を務めたフランソワ・ギゾーのようなリベラルは、よい政府は「理性の主権」に基づいていると主張した。きちんと機能するマスコミがあり、人民の代表府に有能な代議員がいれば、社会の中に広がった理性が国家によってまさしく吸収され、確実に利用されるようになる。だから人民の意志を人民にあらかじめ問うこと「なしに」、人民の意志を代表することができ、また実現できるのだという。しかしそれは、言ってみれば、

＊　ドイツの歴史家トーマス・ニッパーダイが、ドイツ三大通史の一つとされている『ドイツ史　１８００—１８６６』の冒頭をこの言葉で始めている。

「人民の名を冠した」一種のテクノクラシーの形である。果たせるかなこのリベラリズムはもっぱら民主制と絶対主義的君主制との間の合理的中道、つまり「黄金の中庸」として描かれたのである。[12] ゲーテは一八三一年のエッカーマンとの対話で、まさしくギゾーが「深い見識」を持ち「啓蒙的リベラリズム」を実践するばかりでなく、とりわけ彼が諸政党の上に立ち、「落ち着いた堅実な男」として常に先鋭化しがちな「フランス的大騒ぎ」とは距離を置いていることを褒め称えている。[13]

ギゾーはフランス人に、後に人口に膾炙することになった忠告「金持ちになりたまえ」を放った。経済の繁栄は、理性的で脱政治化したかのような国家（金持ちになるといずれ選挙権が得られる）樹立の約束の一部だった。また、この約束は法治国家が法の前の平等という理念を実現したものであるという想定を伴っていた。そのため、住民のほんの一部しか選挙権を有していなかったにもかかわらず、リベラルたちは（もはや階層差は実際の意味を持たない以上）民主制が実現されたと主張したのである。リベラルによる包摂は、社会問題に父権主義的に対処することを意味していた。ただそれだけであり、人民に普通選挙権を付与して直接に政治的な力を与えようとしたわけではなかったのである（あるいは、選挙権が徐々に広げられなければならない場合は、微妙ではあるものの決定的な違いが主張された。すなわちジョン・スチュアート・ミルは、知識人により多くの票を割り当てることを提案したのであった）。

同じような階層化がリベラル全体のものの見方、すなわち、全世界に向ける眼差しを決めていた。多くの民族は、自由の恩恵を理解できるほど成熟してはいない、と全く臆することなく述べられていた。ミルはこう書いている。

目的が未開人を改善することであって、その手段がこの目的を実際に実現することで正当化される限りでは、専制は正当な統治の仕方なのである。自由の原理は、人類が自由で対等な討論によって進歩していけるようになる以前の状況には適用できない。それまでに、人類が幸福にもアクバルやカール大王のような人物に出逢えるのであれば、そうした人物に絶対的に服従するしかない。[14]

利他的とされるこのような「文明化の使命」の他に、植民地主義は特定の人間、つまり植民者の人格を強め、道徳的鍛錬をする役割も担った。フクヤマの一〇〇年以上前にアレクシ・ド・トクヴィルのような人物は、リベラル社会が人びとを退屈させる可能性を恐れ、英雄を必要としないリベラリズムは社会全体を意気阻喪させるのではないかと懸念した。トクヴィルが「強靭な魂の持ち主*」と名付けた人びとは、アルジェリアの征服といった（一八三〇年代の）任務を通じて自らを鍛え続けることで、エネルギーを手に入れたのであった。[15]

誰もが不断に自問自答し、飽きることなく人格形成に励むべきという、このミルによる透徹した上昇志向――批判者はこれを過大視した――の背後にあったのは漠然とした恐れであった。それは近代社会の情熱に欠けた妥協的生活では、人格を堕落させてしまうのではないかという懸念でもあった。この不吉な展望はいずれにせよ常に東洋に向けられており、彼の眼中にあったのはもっぱら疲弊した社会像であった。つまり、硬直化した中華帝国は、国際的な「競争力」がないというイメージが生み

＊　松本礼二訳『アメリカのデモクラシー』第二巻（下）（岩波書店、二〇一五）二五八頁を参照した。

出されたのである。「停滞した中国」と常に名付けられたものは、一九世紀リベラルの神経質な想像力の中では「西洋のダイナミズム」の恐るべき対蹠物を象徴的に表現していた(16)。ヨーロッパでは多くのリベラルたちが、大帝国に対する国民解放闘争において指導的な役割を果たした。ミルあるいはジュゼッペ・マッツィーニのような思想家はリベラリズムとナショナリズムの間に矛盾はないと考えていた。それどころか、集合的な自己解放と自治といったものを実現させるためには、共通の言語や文化が必要だと見ていた。このように、リベラルたちが順応主義を恐れていなかった事実は注目に値する。多数派の意見から逸脱しないように微妙に圧力をかけ、個々人の自由を国家以上に制限できる社会を、彼らは潜在的な「暴君」だと見なしていたのであるから。

このような社会的専制、つまり国家によって直接行使されるのではない専制は、微妙な形をとることができた。トクヴィルのような人は、アメリカ合衆国内で着実に強くなりつつあった「個人主義」をとりわけ恐れていた。この言葉には何も肯定的なものが想定されておらず、全くその逆であった。このフランスの思想家にとって個人主義が意味するのは、孤立であり、まさしく内面性の反社会的形態であって、独自の人生計画（後にミルが「生活実験」と呼ぶようになるもの）を追求する能力のことではなかった。個人主義と個性は相互に排除し合うものであり、個人主義は自己の弱さに基づいたものであった。個人主義は決して怠惰を意味するものではなかったが、トクヴィルによるとそのような疑似的個人は行動至上主義に陥って、独自性も、自らの諸力を発展させることもなく、せわしく動き回っては自らの力を使い果たしてしまうだけだった。

トクヴィルは今日の反リベラルの原動力ともなる懸念について次のように述べている。自身の真正な精神生活を持たない上に他者からも切り離されてしまった個人は、いつしか国家ばかりではなく、穏やかな、したがってより効果的な、世論という専制に抵抗することができなくなるのではないか、と。自由と「状況の多様性」（ヴィルヘルム・フォン・フンボルト）を通じてすべての人の自己発展と「個性」（またフンボルト）の発展を倫理的に要求することで始まったリベラリズムは、最終的には完全に順応的世界、つまり正確に言うと、リベラリズムが避けたいと願っていた「餌付けされた奴隷の一群」（もう一度フンボルト）を生み出すことになる、とトクヴィルは危惧したのである。

拡大されたリベラリズム、縮小されたリベラリズム

フンボルトや彼に深く影響を受けたミルは、このような恐ろしいイメージから決して解放されなかった。彼らが全身全霊を注ぎ込み、絶え間なく活動しなくてはならないと強調したのは、そのためだったのであろう。一九世紀の多くの思想潮流と同様、このリベラリズムは永続的な進歩を信頼していた。大いに疑いはしたものの、リベラリズムは社会の発展が続くと信じており、社会が進歩すれば最終的に包摂の約束が実行される、と考えたのである。トクヴィルは自由を学ぶ修業期ほど難しいものはないことに気づいていた。実際、彼やミルは、アクバルによって正しく育成されなければならなかった諸民族にとってばかりではなく、あらゆる社会にとっての生涯学習のようなものを目論んでいた。

個人の人格に焦点を当てることは、特定の集団全体を直接的な政治参加から排除する際の基準に客観的な印象を与え、これを正当化した。しかし、またこうすることで後に社会的自由主義として知られるようになるリベラリズムに対する別の理解を促進した。すなわち、国家は個々人の自由な発展を

脅かすのではなく、その発展を確かなものにし、また促進するというものだ。この思想は福祉国家を志向する英国の「ニューリベラリズム*」の代表者の一人であるレオナード・ホブソンに影響を与えたが、さらにエドゥアルト・ベルンシュタインのような社会主義者も、社会主義はリベラリズムを完成させるのであって破壊するのではないとの結論に達した。ミルもまたその人生の終わりには、自ら社会主義者と主張するようになったのである。

このような思想家たちの観点からすると、自由を効果的なものにすることができるのは国家だけであった。自由とは政府が個人の事柄に干渉しないことを意味するだけではなく、国家が個人の存在を、たとえば社会保障によって護ることをも意味した。「連帯なくして自由なし」という原則である。国家による幅広い福祉事業の提供は、それが無料の学童保育施設、あるいはあらゆる階級に開かれた無料のオペラ鑑賞であるかを問わず、行動の選択肢を広げたことだろう（たとえば一九二〇年代の赤いウィーンあるいは今日の社会民主党ウィーン市政でも同様である）。それができれば、より多くの人間が、より多くの選択肢を持つことになるはずである。消極的自由として知られるようになるもの、つまり個人にのみ属して他者から干渉を受けない行動領域は、自由の積極的概念、すなわち国家や労働組合のような連帯集団による行動領域の拡大を通じて補われた。

このような積極的自由の概念は、リベラリズムの脱政治化戦略と決別することになった。自由は法治国家や市場経済において理性それ自体を発揮した成果として得られるのではなく、民主的であることを意識した集団的な決定の成果として得られるものと考えられるようになったのである。自由はいかなる人びとも行使可能な権利としてばかりではなく、政治的共同体が連帯して行なう行動を通しても保障されなければならない。集団として確保された自由をそう理解することで、社会的自由主義者は、自由であるためには、まず自分の能力を証明しなければならないという父権主義的（道徳化しつつ規律化する）期待から自らを切り離した。社会的自由主義者の立場からすれば、いかなる人も自然権と多様な人生設計を可能にする資源をもって何かを始めることができるのである。

しかし、こうした民主制への転回は過度な権力の集中に対する恐怖をもう一度呼び起こした。一九二〇、三〇年代に「リベラル民主制」概念が生じたのは偶然ではない[17]。この概念を用いる人は、カール・シュミットのような右翼側の概念や共産主義的な左翼側の「人民民主制」概念とは距離を置くことを望んだ。加えて、殊更に「リベラル」な民主制を主張する多くの者は、ヨーロッパで確立した文化悲観主義的偏見を「大衆民主制」に対して向けていた。たとえばオルドリベラリズムのパイオニアの一人であったヴィルヘルム・レプケは、一九三三年に「大衆はリベラル民主制を撲滅し、非リベラル民主制をその代わりにしようとしている」と書いている[18]。

民主制は再び（労働者あるいは貧民からなる）マジョリティによる専制と同一視されるようになった。そしてこの時期、リベラリズムは英語圏では権力分立と同義となった（一方、大陸ヨーロッパにおいては、一九世紀初頭から一貫してリベラリズムは立憲主義であるとの理解が続いていた）。ジョン・ロック――それまでは、彼の権力分立に関する政治的著作はほとんど知られていなかった――はこれ以降、

＊ New Liberalism. これは一九七〇年代に南米で始まり一九八〇年代以降本格化したネオリベラリズムを指すものではない。

英米の歴史叙述においてリベラリズムの創建の父とされるようになったのである。チェック&バランスを通じてマジョリティの意志を制限することを強調した人びとは、父子鑑定検査に合格できた。*個々人の個性を自由に発展させるというロマン主義的なヴィジョンは後景に退いた。だが、集団的な「生活実験」や新しい解決策の追求を可能にしたリベラリズムが集団的自己決定を生んだのだという考え方も、弱められてしまった。

ロックが主張した理論は、シュクラーが自然権のリベラリズムと呼んだものである。それによれば、個人は、他の市民の個性を発展させる権利が配慮される限りにおいて、自分の考える正しい生き方を実現する自由がある。国家は、個々人がどう生活しなければならないかについて指図することはなく、また、個々人の幸福に関する多様な考え方に対して中立である（そしてミルやフンボルト式の道徳的訴えもまた控える）[19]。

個々人の自立という高い理想とリベラリズムをこのように区分するやり方は、とりわけ神権政治を志向した反リベラルから偽善的だと常に厳しく批判されてきた。中立であるはずの国家は、実は相も変わらずミルの上昇志向の考え方を課しており、リベラルの包摂原理——すべての人を自由かつ平等なものと見なす原理——がもたらすのは、実際には、リベラルな国家が自立という考え方を思いやりなく強制し、そこから外れる生活様式を排除することを意味するのではないか、という批判である。

このような批判をどう考えるべきなのか。まずはその闘争に巻き込まれた人びと、とりわけ劣位に置かれていると自身で考える人びとの声を注意深く聴いてみることに一つの可能性があるだろう。この挑戦——ありきたりではあるが同時に説得力があり、かつ緊急性もある——が、シュクラーの恐怖のリベラリズムの中心を占める立場であった。

恐怖のリベラリズム——亡命者の観点からの理論

シュクラーは一九二八年、〔ラトビアの〕リガでユディタ・ニッセとして生まれた。彼女の父親は実業家として成功し、母親は高い教養を持ち、慈善事業に携わっていた（右翼ポピュリストならば、おそらくこう言うだろう。彼女はコスモポリタン的なリベラルエリートの一員であったと）。シュクラーの母語はドイツ語であり、最初に読んだ本はチャールズ・ディケンズの小説『デイヴィッド・コパフィールド』の翻訳だった。かつて自ら簡潔に述べたように、幼少期はヒトラーによって終止符を打たれた。家族は、最初にスウェーデンに逃げ、危機迫る状況のもとシベリア鉄道でウラジオストクを目指し、そこで日本に向かう船に乗った。その後アメリカ合衆国にたどり着いた時、ヒトラー・スターリン協定によってあらゆる訪問ヴィザが無効になっていた。アメリカ当局は彼女らを「不法在留外国人」としてシアトルで抑留した。一人のラビが彼らのことを知り、当局に対し、この上品なユダヤ教徒たちは下層階級出身の中国人と同じ待遇を受けるべきではないと説得した。[20]最終的にニッセ家はカナダに居を構えた。シュクラーは最初モントリオールで学び、そこからハーヴァード大学に移った。彼女は当時を振り返って、後者は非常に深くマッカーシー時代の特徴を帯びていた、と述べている。そこの学生たちが反共産主義者であったからではなく、彼ら自身が反インテリで非政治的であることを強調

＊　ロックが述べたリベラリズムを理解・継承した人として認められた、の意。

していたからである（シュクラーはそれを、恐怖に対処する特別な方法だったと分析している）。男同士のあからさまな仲間意識を育むスポーツと俗物的なおしゃべりが、キャンパスライフを支配していた。シュクラーは当時、彼らには第二次世界大戦の体験を知的、政治的に克服するのに十分な能力がない、あるいはそうする意志もない様子を確認していた[21]。

シュクラーの指導教官は全体主義理論の権威、ドイツ出身のカール・ヨアヒム・フリードリヒであった。フリードリヒはすでに二〇年代にアメリカ合衆国に渡っていたが、いくつかの報道を信じるならば、新大陸でもその父権主義的なドイツ人教授としてのハビトゥスを改めていなかった[22]。シュクラーはハーヴァードを去ることはなかったが、そのキャリアは長く困難な道で、屈辱に満ちていた。相互に助け合ってキャリアを拓く「オールド・ボーイズ」の世界で、三児の母親である彼女は、同期のサミュエル・ハンチントンやズビグネフ・ブレジンスキーといった男性よりも明らかに苦労が多かった。しかし、ついにシュクラーはフリードリヒの後継者となり、ハーヴァードの政治学講座を担当する初の女性となったのである[23]。

シュクラーはかつて、研究を始めた他ならぬ動機は二〇世紀を理解したいという欲求にあった、と語っている。彼女の理論的立場は、とりわけあらゆる共同体至上主義的議論（一九八〇年代にコミュニタリアンによって強められたような議論）に対して留保を付けるものであったが、それは彼女自身の亡命者としての特殊な体験と関係しているようであった[24]。

個々人に抑圧をかける集団に対してあらゆる懐疑を抱いていたものの、シュクラーは、二〇世紀の惨禍が個人を自己抑制に追いやる可能性と、リベラリズムを虚偽の脱政治化に導く可能性を恐れていた。彼女の最初の著作『ユートピア後――政治的信条の没落 *After Utopia: The Decline of Political Faith*』は博士論文「運命と無益さ――現代政治思想における二つのテーマ Fate and Futility: Two Themes in Contemporary Political Theory」を発展させたものであった。この著書は、実際にはユートピアについて書かれたものではなかった。シュクラーの出発点はむしろ、ホロコーストを把握するということがもしも可能であるならば、それはどのように把握されるべきなのかという問いであった。彼女は、一九世紀から受け継がれてきた思考が支配的であるために、二〇世紀の政治を理解するのが難しくなっている、と述べている。とりわけ一連の同時代の潮流が、政治的宿命論の一形態につながってしまう点を彼女は批判した。それは、実存主義に限らず、T・S・エリオットのような人物が「リベラリズムという木食い虫が穴を開けている」社会に対して示したキリスト教文化的な悲観主義にも向けられた。だがシュクラーは同時に、他でもないカール・ヨアヒム・フリードリヒが学術誌において、ドイツのニューリベラリズムとしてアメリカの読者に提示したものも批判した[25]。この保守的で敗北主義的なリベラリズムは、彼女の見解によると、民主制からばかりではなく、またあらゆる啓蒙への希求からも逸れてしまっていた。二〇世紀半ばにおいて他の知的宿命論に対するのと同様、そのリベラリズムはものごとを作り上げていく政治を信じられなくなってしまったのであった[26]。

シュクラーは別の本で、法というものがいつか完全に非政治的となり得るという幻想を批判した後、とりわけ思想史的な研究に目を向けた。彼女はまたルソーばかりかヘーゲルにも取り組んだ。さらにモンテーニュとモンテスキューという二人の思想家を見いだした。これらの思想家はシュクラーに、道徳心理学的な政治理論を着想させた。筆舌に尽くしがたい残虐な宗教戦争が行なわれた時代を生きた二人は、国家がその市民に対して物事の意味や魂の救済に関して何事も強制してはならないという政治思想を編み出していた。シュクラーがこの二人のフランス人の著作から学んだのは、まずもって特定の政治の型から生まれる犠牲者への理解が殊更に重要だということだった。この見解は二〇世紀においては新たな緊急性を帯びた。しかし、一九九〇年代のシュクラーの読者が思っていたのとは異なり、そのような見方から、リベラリズムを最小限の要求にまで絞り込まなければならないという見解が自動的に引き出されたわけではなかったのである[27]。

シュクラーが多くの観察者にとっては全く新しい、また別の観察者にとっては全く時代遅れで複雑性に欠けるリベラリズムの型に言及することになったのは、歴史家エリック・ホブズボウムが「短い二〇世紀」（一九一四～一九九一年）と呼ぶことになる時代の終わり頃だった。シュクラーは、リベラリズムが実際に持ち得る（そして受け入れられる）意味は一つだけである、と書いた。すなわちそれは、「いかなる成人も、他の成人が持つ同じ自由と両立可能である限り、恐怖や恩典なしに自分の人生の多様な局面についてできる限り多く事実上の決定ができ」ることである[28]。

この一見すると全く独自性のない定義は、抽象的な道徳哲学に基づいているわけではなく、またシュクラーの見解からすると、ナルシシスト的とまでは言わないにしても、単に自己中心的なリベラリズムに基づいているのでもなかった。シュクラーは、むしろ生きられた経験、とりわけ恐怖の体験を引き合いに出した。まずもって犠牲者の声に耳を傾けることが常に重要なのだ。そうすることで初めて、絶対的な悪、つまり人間の残忍さという悪が存在することを理解できる。それに対して恐怖が抱かれるべきなのである。同時に――この点がシュクラーのリベラリズム特有のポイントなのだが――

恐怖は、なぜそもそも人間が残虐になるのかという理由の一つである。恐怖に満ちた人間からなる社会を恐れなければならないとシュクラーは述べることで、有名なモンテーニュの『エッセイ』からの一文（「私が最も恐れるものは、恐れである」）を変化させて用いた。

シュクラーは彼女の恐怖のリベラリズムを自然権のリベラリズムから区別し、さらに後の著作ではそれを、純粋な「法支配のリベラリズム」とも異なるものだとした。後者においては、できる限り個人に対する首尾一貫した法的権利を発展させ、またできる限り円滑に機能する法治国家を構築することが重要であった。[29] シュクラーはこれに対して、公正な社会のための青写真をさらに精錬する代わりに、まずもって不正義の体験や日常における辱め、そして当時の全体主義体制の大きな（そして特に残忍な）犯罪に目を向けなければならない、と主張した。そうすれば、ある社会における最も重要な区別は、常に弱者と強者の間のものであることが示される。そして、効果的な権力分立と幅広い権力配分だけが最悪の事態、つまり残忍さの極致を防ぐことができるのだとする。シュクラーは彼女のリベラリズムが「普遍化された人間不信」に基づいており、その具体的な帰結として、いかなる権力の集中も根本的に信用しない、これが重要である、と述べて憚らなかった。[30]

シュクラーの読者の中には、ミネルヴァのフクロウの羽ばたきが今やはっきり聞こえてくるような印象を持った人もいるだろう。恐怖のリベラリズムは明らかに、まさに終わろうとしていたある時代に対する反応だった。それは、実際シュクラーと共に、個々人に対する最大の危険は常に国家権力の集中に由来するものだったと考えることができた時代であった。当時、シュクラーあるいは「冷戦時代のリベラル」であるバーリンやアロンといった懐疑的観察者たちは、最悪の事態を常に想定し恐れなければならなかった。シュクラーによれば、政治思想が弾圧や残虐さの物理的体験を最優先事項として認める世界だった。[31]それはノーマン・ロックウェルが、フランクリン・ルーズヴェルトの有名な演説「恐怖からの自由」*を受けて絵に描いた、子どもたちをベッドに寝かしつける一組の夫婦の様子（父親が手に新聞を持って立ち、母親は二人の子どもたちにおやすみのキスをしているという、四〇年代の性的役割分担を表現していた……）に象徴的に描かれる世界でもあった。

では、恐怖のリベラリズムは時代に拘束され、共産主義を恐れて硬直化した（そして狭小化された）ものだったのだろうか。それともアクセル・ホネットの表現を変形させて用いれば、避難をくり返した人物が、安全への欲求を理論化しただけだったのだろうか？[32]それでは政治的にあまりにスリムな要求のカタログ（法治国家による保障、法の支配といったもの）に行き着くだけで、それ以上にはならないのではないか？

誰の恐怖と自由なのか？

第1章で触れたように、恐怖のリベラリズムについてのこの種の理解は、一九九〇年代、人道主義的介入を正当化するために、残忍さをまずもって避けようとしたリベラル一世代に特有のものであった。シュクラーが主張した体験の直接性は、テレビの前に座ってサラエヴォやキガリの光景を見る視聴者には縁遠かった。だが、彼らもまた、このように理解された恐怖のリベラリズムが持つ作為なしの緊急性を追体験することができた。むき出しの生——と残虐な扱いを受けた人の魂——が危機に瀕していたのである。

「二度とあってはならない！」これはシュクラーの思考から生じた実際の行動喚起だったようである。シュクラーは実際に、自分のリベラリズムには強力な集合的記憶が必要だと主張していた（一方、他の積極的リベラリズムは希望に依拠していた）。このことは、多くの欧米諸国で集合的記憶の道徳的役割を問う議論が主流を占めた長い九〇年代に、うまく適合した。だが、当時すでに、目下の課題とかつての残虐な体験との間にまやかしの類似性を成立させてしまう危険を感じ取った人々もいた。ホロコーストと比較することでしか、市民に外交政策上（そして戦争）のリスクを共に担うよう説得することができないと考えた人たちは、必然的に三〇年代へのタイムスリップをくり返すことになった。つまり恐怖のリベラリズムは、歴史を道具化することへの誘いだと受け止められたのである。

このようなミニマリスト的な（そして明白な教訓であるはずの過去に固執する）解釈は、シュクラーの思想に対して不当な評価を下してしまった。その一つは、シュクラーの思想から静態的な反全体主義を引き出したが、これは間違っていた。シュクラーはあまりにもなめらかな演繹的・帰納的アプローチにこそ抵抗していたのであり、彼女は政治理論をむしろ語りと厚い叙述の上に置きたいと考えていた。それは何よりも歴史的に敏感であり続けること、そして傷と恐怖の体験がいかに歴史的に変化しながらくり返し現れるのかを理解することを意味していた。[33]

＊　アメリカ合衆国大統領フランクリン・ルーズヴェルトが一九四一年一月の一般教書演説の中で述べた四つの自由のうちの一つ。誰もが暴力や戦争を通じた物理的攻撃によって恐怖を受けない権利を指す。侵略行為を行なえないようにするための軍縮を意味した。

具体的に言うとそれはどのようなことなのか。まずもって、常に犠牲者の声に耳を傾けること。このような倫理的命令自体、あまりにも平滑に聞こえるだろう。迫害されたマイノリティやスティグマ化された集団の構成員が何を伝えたいのかを、あたかもすぐに理解できると言っているように思えるからである。だが、それこそが困難なのだ。体験は文字通り「言葉で言い表せない」わけではない。だが、その多くは聞き手側が最大の努力をした場合にある程度解き明かされ、把握可能になる。哲学者レイ・ラングトンは当時「ディープ・スロート」の異名でも知られていたポルノ女優リンダ・ラヴレースによる回想記を例として挙げている。ラヴレースは「ポルノ産業」の中で体験した苦しみや屈辱を記している。その本はポルノ映画の舞台裏を覗いてみたい人のうずくような欲求を大いに満たすものとして市場に出された（そしてまたおそらく購入された）[34]。苦しみについての語りが理解されないだけでなく、語る行為の意味すら全く心に留め置かれることがないのである。

しかし、体験それだけでは議論にはならない。また、語りが必ずしも具体的な行動指針につながるとは限らない[35]。トマス・マッカーシーがかつて述べたように、犠牲者と直接それに影響を受けた人びとが最初に語り出さなければならないが、必ずしも自らの口から最後まで言う必要はない。いずれにせよ確実なのは、他者の専制にさらされたと感じている人の特殊な体験を理解する努力を厭わない者ならば彼らの言葉を継いでもよいということである。これは本当に自明なことなのだが、犠牲者がしばしば嘲笑されたり笑いものにされたりする時代においては、もはや当然のこととは言えない。犠牲者たちは、常に新しい苦情や痛みを思い出させるアイデンティティ・ポリティクス、あるいは単に「大げさな多様性のレトリック」（ヴォルフガング・シュトレーク）に夢中になっている人扱いされるのである。今はまた、かなりの人びとがサイレント・マジョリティの代弁者に成り上がり、これらのマジョリティは閉じた社会を望んでいると（そのような自称代弁者による正当化は、シュクラーによるコミュニタリアン哲学者に対する批判の一つであった）、さらっと主張してしまうような時代なのである。[36]

厚く、できる限り直接的な記述が重要である。というのは、シュクラーの読者の多くが引き出した結論とは異なり、恐怖と残虐さの体験は政治に先行しないからである。それらは歴史的な性格を呈している。たとえば傷つけられた側の認識は変化し得るが、唯一変わらないのは恐怖であり、それは不安という曖昧な感情とは対照的に、常に具体的な脅威に起因する。[37]シュクラーはアメリカ国籍の意味を論じた著書の中で、市民権は選挙権だけではなく（自由に出入国できる権利を付け加えることもできるだろう）、個人の尊厳や自立の前提としての労働の保障からも成り立っているのだ、と述べている。

これは、トマス・ジェファーソンの共和制思想につながる考え方である。彼の思想によれば、個々の市民は自給自足（そして武器で自衛）可能な農民であることが理想だった。このような評価、より正確に言えば労働の過大評価については、正当な理由で批判され得る。決定的に重要なのは、アクセル・ホネットが記したように、国家市民権といったような諸制度――さらにそうした制度があることによって恐怖が引き起こされ、卑しめられる体験などを伴うような制度――は、時間と共に変遷し得るということである。[38]この例は、恐怖のリベラリズムと自然権のリベラリズムが最終的には併せて考察されなくてはならないことを一層、明白なものにしている。恣意の犠牲になっているという感情に泣き寝入りをさせないために効果的なのは、正義に則って行使できる権利だけだからである。

個人の（あるいは集団文化的な）人格的発展を最大限求める倫理的な要求や、一国においてできる限り多様な、多かれ少なかれ絵に描いたような生活様式を持ちたいという願望は、悪意をもってアイデンティティ・ポリティクスへと読み替えられてしまっている。目指されているのは平等であり、とりわけ実効性のある平等な扱いを貫徹させることである。[39] ブラック・ライヴズ・マター運動はたとえば、「様々な入り口のあるリベラリズム」をさらに別のグループに広げるようなことを旗印にはしていなかった。それは、全く無関心というよりも無視を決め込むマジョリティに、無防備に脅威にさらされている感覚をわかりやすく認識させようとする、ある意味で絶望的な試みである。結局のところ、全く自明な自然権、つまり警官に撃たれない権利を請求したに過ぎない。

同じことが#ＭｅＴｏｏについても言える。要求されているのはここでもまた、奇妙な特殊体験あるいはマイノリティの権利ではなく、むしろ基本的自由、つまり、権力者たちからハラスメントを受ける恐怖なしで生きる自由である。シュクラーは、彼女のリベラリズムを「永遠のマイノリティ」のリベラリズムだと呼んでいた。ここでは集団の分離主義に肩入れしたり、あるは集団的アイデンティティが時間を超えた、つまり永遠の「本質」を持っていることが示唆されているわけではない。むしろシュクラーは多くのマイノリティがすでに長い間、差別され、嫌われ、あるいはとりわけ傷つけられてきたのだという事実を指摘したのである。

一方、恐怖からの保護を要求する声によって自分たちの「自由」が狭められてしまうと考える人びとは、現に傷ついている人びとを、煩わしいマイノリティとして、あるいはサブカルチャー出身のトラブルメーカーや不平不満のプロとして描こうと試みたりする。しかし、私たちはマジョリティがマイノリティから突然身を守らなければならなくなるような状況には置かれてはいない。今日では後者の声が広がってきたとはいえ、自ら被害を受けているとされるマジョリティが想像する以上に、マイノリティはまだ構造的にずっと脆弱なのである。

そして物質的なもの（そして民主制）はどこに残っているのか？

まずもって犠牲者の声に耳を傾けなければならないという要請は、それによって犠牲者としての地位を要求する声が非常に強まるのではないかという疑念にすぐにつながってしまう。とりわけ、誰が犠牲者ヒエラルヒーの頂点に立つのかについての争いが突発的に生じ得る。次の段階では、様々な不平不満を表明するグループの代表たちが現れ、非常に特殊なアイデンティティの持ち主である自分たちだけが、保護、とりわけ法的保護（あるいは補償）についての判断を要求する権利がある、と主張するようになるかもしれない。

だが、すでに示唆したように、厚い記述と権利請求は、社会的議論の終着点ではなく、その始まりである。恐怖の内容を明らかにするのはあくまで手がかりであり、まだ論拠とはなっていない。第三者が理解できない恐怖の形があるのは間違いなく、その多くは、政治的そして法的に対処するのが難しい。だが、自らは直接的に差別に遭遇したことのない市民も、微妙な形の差別に対して敏感に反応することがある。その際、社会的距離を縮めようとする試みが役立つだろう。というのは、距離――シュクラーが示すもう一つの中心的な洞察である――が残忍さを容易にするからである。

共通する部分あるいは普遍的だと思えるようなことを拙速に話しても、それは人びとの間の相違を必死に取り繕うことのない、正直で思いやりのある意見交換ほどには有益なものとはならない。他人の苦しみを理解しようとすることは、その人と共通する価値観すべてに同調しなければならないということではない。政治的議論が成立するためには、強い感情や常套句がそれを支配する必要はないのである。後者は、批評家が言うように、私たちの自撮り文化における政治のまねごとの延長でしかない。だがむしろ重要なのは、特定の差別や辱めが、すでに分かち持たれている価値観や原則を実際にどのように傷つけているのかを把握することである。ハンナ・アーレントが示唆したことだが、苦痛はもっぱら私的なものであり、他人に伝達することは不可能なのである。ただし、その苦痛について共有された政治的原則が議論される場合には、政治的なものになる。「共通する」「直接的な」体験にリベラリズムの基礎を置くというシュクラーの主張は、政治的に引き起こされた苦しみという「直接的」体験が全くない場合、問題が生じかねない。さらに私たちに語られた体験は、誰が何を引き起こし、最終的に誰が責任を取るべきなのかといったことについて、何も教えてくれないのである。恐怖は人間の基本的体験ではあるが、不安とは異なり、非政治的なものではない（さらに——本書ですでに強調し、シュクラー自身によっても強調されたように——非歴史的なものでもない）。

別言すれば、社会的距離は縮めなければならないことを意味するが、同時に距離を取り戻すこともできなければならない、ということになる。どちらも大切なのである。共感するばかりではなく、認知することが重要であるからこそ、因果関係追及の観点が肝要なものとなる。さらに、恐怖のリベラリズムが密告の刺激とならないような接し方も必要である。加えて、たとえば差別に対する措置が本当にその目的を果たしているかが実証的に明らかにされなければならない。[40] ベルンハルト・シュリンクは、実証的観察が道徳的観察へと自動的に取って代わられることになりかねないとして、「社会的なるものの法制化と合法化」に対する警告を発した[41]。

恐怖の引き金になるような諸制度は、全体主義の体験を背景にしてシュクラーが想定したように、一義的に国家的なものであるとは限らない[42]。エリザベス・アンダーソンが私企業と共産主義独裁の比較を通じて巧く示唆したように、恐怖は、本来自由であるはずの市場経済の領域からも生じる[43]。被雇用者は事実上発言権がないことが多く、アメリカ企業の多くでは、トイレに行きすぎると罰則を招くことになるから尿パッドを付けていないといけない、とアンダーソンは述べている（糖尿病を患っていた英国の宅配便運転手が、緊急に病院で診察を受けなければならなくなり、その結果として荷物の配送ができなくなったことに対して業務委託先から罰金を科せられ、その後死亡した事例がある[44]）。アンダーソンによれば、アメリカの労働者の半分については、職場「外での」意見表明の自由を制限する権利を会社が有している[45]。この「私政府」からほとんど誰も逃れることはできず、可能なのは、鉄のカーテン時代における共産主義的独裁のように、一つの独裁政府から別の独裁政府へと移動することくらいだ、と彼女は述べている。

多くの読者はこの比較を誇張だと思うだろう。だが、アンダーソンの分析は多くの労働者の報告を基にしている。それはまずもって労働者の体験に関係しているのである[46]。さらにその分析は、労働組合に加入している労働者の数はこれまで決して多かったとは言えず（さらに、ここ数十年でまた劇的に減少した）、合衆国において、恣意にさらされているという感情は、少なくとも国家よりも労働と結び付いていることを正しく示している。リベラルはかつて市場を、理性的で非政治的な制度と見なしていたが、その際、市場は権力関係から逃れることには不向きであるということを素早く学んだはずであった。すでにトクヴィルは、「工場主の貴族制」が貴族制およびポスト貴族制の時代における最悪の側面を併せ持っており、市場は「奴隷的自由」の場所となり得る、と述べていた。

この恐怖の形は、不安と異なり、具体的な脅威や無力感を伴う特定の経験によって引き起こされる。ということは、明らかに政治的に対応が可能なのである。シュクラーの場合にもときおり、あたかも最終的には国家が無力の人びとの面倒をみなければならないかのように主張することもある。シュクラーの著作の中の国家には、理想化されたプロイセンのごとく、積極的な価値が置かれている感さえある。そうすることで、彼女は個々人に消極的な受難者としての役割を与え、それをくり返し確認しているように見えた。市民たちが自ら行動し、集団として自らを守り、権利のために、そして権利に関して争う可能性を持つ民主制。こういった考え方が中心に置かれるようになったのは、リベラリズムに関する彼女の最後のテキストにおいてであった[47]。シュクラーはさらに民主制とリベラリズムとを概念的に明確に区分した。シュクラーによれば、民主制とリベラリズムは、かつて一夫一婦制で暮らしていた。だがその共同生活は純粋に便宜上の結婚だった。

打算的な婚姻が破綻するのはよく知られている。すなわち、マジョリティはしばしばマイノリティをたっぷりと抑圧して、永続的な恐怖に陥れてきた。だが民主制は、マイノリティがその政治的見解を他の市民に十分納得させることができれば、いつかはマジョリティとなり得るという前提の上に成り立っている。その市民たちは文化的同質性において平等である必要はない。平等の反対は相違ではなく、不平等だからである[48]。このことは、自然権のリベラリズムと民主制の間に（必ずしも常に愛情があるわけでも、あるいは緊張がないわけでもないにせよ）内なる結びつきがあることをはっきりと示している。つまり、権利は民主的な手続きを通じて闘い取られ、脅威から護られてはじめて確保されるのであり、民主制は、市民が自分たちの運命を共に決める際に用いる政治的基本権なしでは考えられないからである。[49]

さて、恐怖のリベラリズムが注意を喚起しようとしている権利は必ずしも政治的権利ばかりではない。だが、それらすべてが、平等な扱いへの要請に何かしら関係している。というのも、明らかに不平等な扱いは恐怖を引き起こす（たとえば人びとを一級市民、二級市民、あるいは三級市民に分類すること）だけではなく、準公認の社会的距離を作り出し、残忍さを許容する余地を開いてしまうからである。リベラリズムが差異を認めるのは、特権を分配したり、他よりも一部の法的主体により優位な地位を与えるためではなく、半ば意図さえしていなかった差別に対しても対応するためである。リベラルな中立性は、単にすべてを平等に扱うことを必ずしも意味しない一方で、市民に、成功した人生を実現するための公平な機会を与える。[50]法律が直接あるいは間接的にでも差別を行なうようなところでは、その影響をはっきり記録するために、恐怖のリベラリズムが高感度センサーを提供する。

すでに明らかになったと思われるが、リベラリズムはここでは「文化」に関する問題ではない。リベラリズムはまた何らかの（犠牲者の体験に対する道義上の偏見のなさ以外の）包括的な「偏見のなさ」を要求するものでもなく、恐怖の中で現在暮らしているあらゆる人の自由を護ることを求めている。このことは事実上、個人であれ、圧倒的大多数であれ、権力ある者たちに対して「制限を設けること」を意味している。こうしたことすべてを、「道徳を説けばいい話」だとして貶めるのは、リベラルたちがしがちなことである。道徳の問題は大したコストがかからないからであるが、それをしてしまうと、不当な扱いを受けたり、あるいは少なくとも不信に満ちた眼で眺められるマイノリティが味わう真の苦しみを見誤ることになる。加えて、他者の恣意に晒されているかどうかを指標に据えることによって、伝統的な産業労働者からアマゾンの倉庫従業員やギグワーカーを擁する労働界がこのリベラリズムの死角であり続けることはできないことが判明する（批評家たちが意地悪く言うように、クリスチャン・リントナー〔ドイツFDP党首〕でさえオド・マルカードの「恐れずに人と違うこと」というリベラルの思想を使いこなしている）[51]。恐怖のリベラリズムの支持者たちは、恐怖を軽減させたいのである。そのためには、やましい気持ちを与えず、財布にも痛くない「勝者のきれいごと」（ロベルト・プファラー）以上のものが必要なのだ。

恐怖のリベラリズムはこうして、リベラリズムの敗者が幻想を維持する際に重要な進歩思想のストーリーとは一線を画す。さらに、まだ実現されていない自由と平等の原則を前方に見据えるより、庶民を見下すことを好むようなパフォーマンス重視のイデオロギーからも離脱する。さらに、第一に勇気づけることが重要だとする道徳心理学的観点からも同様に解き放たれる（「ドイツ人は漠然とした恐れAngstを抱いているが、勇気を持たねばならない」に対抗するリベラリズム）*。すなわち、恐怖に対する答えは勇気を持つことではなく、確実な自由があることとなる。また人間が排除されているという事実への答えは、進歩を通じた包摂ではなく、包摂を通じた包摂なのである。

これは結局、リベラリズムの欠陥に対する答えは民主制にあるということでもある。依存に基づいた恐怖の体験は、民主的議論の対象とならなければならない。だが、その体験は、シュクラーが時として言うように、プロイセン的父権主義国家による個人の保護のための行政的措置へと置き換えられたり、あるいは何らかの別の方法で、法治国家の制度内に固定され得るような簡単なものではない。その方法は間違いなくリベラルが、合理的で、できる限り脱政治化された諸制度への信頼に沿って、歴史的に最も頻繁に採用してきたものなのだ。だが、クリストフ・メーラーが注意しているように、公式に脱政治化された諸制度であっても、その制度が正当だと思えるような、より大きな政治的文脈に依拠したものでなければならない[52]。この正当性はくり返し新たに追究されなければならないが、それは開かれた民主的議論によってのみ達成される。このストラテジーには確かにリスクも孕まれている。というのは、公の議論においてマイノリティの苦悩の体験が本当に聞き入れられ、また理解されるという保証がないからである。しかし、代替案にも同様にリスクがないとは言えない。リベラルエリートたちが高度に政治化された目的を、全くマジョリティへの配慮なしに、ひたすら法的手段によって追求しようとする致命的な像が即座に浮かび上がってくる。

＊　二〇一五年五月ＦＤＰは、党の方針として「ドイツ人の恐れ」を克服するには「ドイツ人の勇気」が必要だとの見解を明らかにした。経済的競争力の鈍化に直面したドイツが将来「最良の時代」を迎えるためには個人に力が与えられなければならないと主張したところから、この「対抗するリベラリズム」は競争に打ち勝てる「個人」を育成するための新自由主義を指すと考えられる。

第4章　新しいルートを検索する

私はここで、リベラルは単に「民主主義をもっと大胆に取り入れるべきだ」といった抽象的アピールに終始するつもりはない。本書では、現在の政治的対立を解消する即効的な方法ではないにしても、それを求める一定の方向を浮かび上がらせてみたいと思う。シュクラー思想の精神に則って、それらはまず否定的に描かれる。すなわち「何を避けるべきか？」という観点からである。

偽りの排除、偽りの理解——右翼ポピュリストとの議論へもう一度

すでに第2章において明らかになった——と望んでいる——ことがある。それはポピュリストとの対立を避けてはならない、ということ。そして、排除はリベラル民主制の擁護者が偽善者であるとの印象を強めるだけだ、ということである。だが、ポピュリストと話すことは、ポピュリストがするように話すということではない。ポピュリストの「フレーミング（ものの見方が特定の方向に誘導されること）」を誰もが受け入れなければならないわけではない。また、相当数の市民がなぜポピュリストに投票するのかを正確に把握していない状況において、自分たちは賛同を得たのだと彼らに思わせて

はならない。さらに、ポピュリストに反論するために、常に「真実」あるいは「理性」を持ち出す必要もない（たとえこれが伝統的なリベラルの戦術であるとしても）。

ここまでのことは至極わかりやすい。あまり明らかになっていないのは、民主主義には、まだまだオープンに議論される余地のあるテーマはたくさんあるということである。そこから考えられるのは、まず右翼ポピュリストが代表する立場の多くが、民主主義において議論し得るという点だ。彼らの立場が権利制限的であるという特定の意味で非リベラルだと言える場合でも、彼らを直ちに非民主的だと批判することはできない（さらに右翼ポピュリストがくり返し大げさに宣伝するテーマ以外にも多くのテーマがあって、市民にとっては、普通、それらの方がより重要であることの方が多い）。

決定的に重要なのは、ポピュリストが自らのポピュリストとしての素性を明らかにした際に、政治家が越えてはならない一線を引くということである。移民や難民政策に関して対立することは問題ない。だが、よろしくないのは、アンゲラ・メルケルがドイツ国民とシリア人を入れ替える極秘計画を追求している、と主張するようなことである。(1) 他の政治家がそれは越えてはならない一線を越えた発言だと指摘したとしても、ポピュリストは陰謀論を広めたことに対して謝罪することはないだろう。しかし、そのポピュリスト自身が問題の根源なのではない。そのような場面に直面した際に判断を下すのは、市民たちである。そうした市民たちはポピュリスト政党の立場を実質的に支持しているかもしれないが、かといって、陰謀理論家の考えに染まろうと思っているとは限らない。陰謀理論家とは、たとえば、今日の連邦共和国が東ドイツ末期の状況と同じ程度に民主的だと考えているとか、あるいは〔投資家〕ジョージ・ソロスは奴隷を所有したがるので（マッテオ・サルヴィーニのツイッターではそう述べられた）、移民をイタリアに密航させている、と主張するような人びとである。別言すれば、たとえばできる限り厳しい移民政策を望むことと、「自国民」の間にある目ざわりな相違まで消そうとする徹底的な均質化願望との間には相違があるということ。また、伝統的な家族像を信奉するのと、別の理想を抱く人びとへの憎悪を煽ることの間にも違いがあるということでもある。多くのリベラルは、自分がどちらの側に立っているのかを明確に認識するだろうし、さらに自らの側が正しいのだと打ち明けるに違いない。(2) 彼らは恐怖と残虐さの体験に対する感受性が、一線を正しく引く際に役立つことを主張するであろうが、彼らは自分たちに反論する立場の人びとが自動的に非民主的であるかのように振る舞うべきではないのである。

市民たちの判断力に対するこのような期待は政治理論家の非現実的な願望なのかもしれない。とはいえ、受け入れ可能な言動と明らかに受け入れ不可能な言動とを見極める境界線は、理想的にはポピュリストに明確なシグナルを送ることになる。ポピュリストたちがその反多元主義（具体的に言うならば、民衆への煽動や陰謀論）の態度を改めない限り、彼らと協力するのは不可能なのかもしれない。しかし、彼らを永遠に閉め出すことは難しい。なぜならボールは敵側にあるからだ。変わるかどうかは彼ら次第である。(3) たとえば、彼らが最大二〇％の票しか得ていないのに「人民」（あるいは「普通の人びと」）を代表していると言い募るのをやめることがあるかもしれない。二〇％は有権者のかなりの割合を占めてはいるが、「サイレント・マジョリティ」を意味しているわけではない。全く軽蔑して述べているわけではなく、彼らは声の大きいマイノリティなのである。

このような議論はくり返し主張されてきた通り、「道徳化」の一形態、リベラルの優越コンプレックスの表れなのだろうか。少なくとも、これは排除志向の人びとを完全かつ永久に排除するものではない。また、ポピュリストは（あるいは彼らを支持する有権者全員が）単に悪人だから仕方ないという議論でもない（スロヴァキアのリベラル大統領候補〔当時〕ズザナ・チャプトヴァーが二〇一九年はじめの選挙戦で「悪者から身を護ろう」というスローガンを掲げて登場した際には、それは腐敗した政治システムを指したのであって、本質的に悪質な人間を問題としたわけではなかった）。ここで提案している戦略は、なにか倫理的なものを意図しているわけではない。その戦略は職業政治家が十分な責任を引き受けていることにむしろ信頼を置いている。そうした政治家は、必要な時には越えてはならない一線を越えることがあるが、その一線は、激しいが正常な争いとそうではないものとを、民主制の基準に従って分ける一線なのである。

これまでの数ページで説明した戦略はどのような意味においてリベラルに特殊なのだろうか。まず、ここでもう一度、人格的発展のリベラリズムと自然権のリベラリズムの区分を強調してみたい。前者にとって、よい人生とは最大限に自己を発展させることができる人生である。選択可能な生活様式が増えれば増えるほどよい（個々人が自由に選ぶ機会を与えられている限りにおいてだが）と考える。だが、このリベラリズムには議論の余地があるため、政治的対立に曝されなければならない。別の見解を持つ者、たとえば自身の振る舞いが宗教の規則に厳格に従っていることを成功した人生と見なすような人が、それでもって自動的にリベラル民主制に対する脅威になることはない、ということである。

右翼ポピュリズムに対する批判が依拠するのは、この種のリベラリズムではなく、自然権のリベラリズムの方である。重要なのは、相当数の市民が真の「人民」には属していないというポピュリストの主張に異を唱えることである。前述したようにポピュリストたちは、かなりの人びとはせいぜい二級市民であり、さらに単なる裏切り者でさえある、と主張する（ポーランドの強権者ヤロスラフ・カチンスキはかつて、同国人の中には「反逆の遺伝子を持つ」裏切り者が何人かいると述べたことがあった）。別言すると、「真正な」ドイツ人、アメリカ人という予め定められた像に一致しない人は疎外されるということである。これは狭義の人格的発展のリベラリズムにおいて完全に非リベラルな態度であるばかりではない。相互に自由と平等を承認しあう（そしてそれに相応しい自然権のリベラリズムを実現する）人間のプロジェクトとしての民主主義、という基本的な考え方とも矛盾する。リベラル民主制国家は、文化闘争を戦うことは決してない。その国家はたとえばキリスト教徒だけが真のハンガリー人であると言ったり、ミル的な上昇志向を何らかの方法で表彰したりすることもない。そうした国家は狭い文化的指針を市民に押しつけることはないし、原則として共同体のあらゆるメンバーを同様に包摂する原則に依拠しているのである。

このようなことを述べると、それはまさにリベラルがしていることではないか、という非難が直ちに起こる。つまり、リベラルたちはコスモポリタン的生活様式でないものを事実上、劣ったものと認定することで、一種の左翼的文化闘争を行なっているという批判である。こうした態度が実際、政治的に重要で普及しているとはとても思えない。第2章で示唆したように、たとえばアメリカ合衆国における「ヒルビリー〔田舎者〕」や「レッドネック〔首が赤く日焼けした肉体労働者〕」等々に対することの種の軽視は、経験的に見てもそれほど頻繁に起こることではなく、実際の対人関係の場においては全く生じないと言ってもよい。(4)

だが、そうした軽蔑行為が頻発していると想定してみよう。その場合リベラルは、人格的発展を求めることがよい人生だという考え方を他の市民に押しつけてはならない。彼らは、ミルが望んだような（フリードリヒ・ニーチェはミルに対して「凡庸な人間」と悪態をついたが）、常に人生の新しいチャンスを作り出し実験しようとする人物像に合致しない人びとを、知識や自発性の欠けた人びとと見なすべきではない。私たちの世界は、ご存じの通り、一部の人びとが言っているほどには能力が報われ、才能に――そして実験に――道が開かれたものではないのである。

では恐怖のリベラリズムは、具体的に何の役に立つのか。それはまず、どのようにして多くのポピュリストが意識的に人間を残忍に扱っているのかを示すことに寄与できる。イタリア内務相のマッテオ・サルヴィーニは、シンティとロマの国勢調査をするよう要求し、その「追放計画」を発表したが、「合法的」なマイノリティについては遺憾ながらイタリアに留め置かなければならない、と述べている。つまり、マイノリティ全員から権利を剝奪することはできないということである。トランプのいじめもまた、誰が強者で誰が弱者なのかを常に示す政策の好例である。他人をもてあそぶような残虐なことが称賛されている。この男がいかにして公共の場でジャーナリストや女性政治家を中傷し、苦しみを体験している人びとに挑発的な無関心の態度を示したかを考えるだけでよい（二〇一七年にプエルト・リコを襲ったハリケーンの際に示した態度が最も明白である）。これらはスタイルの問題ではない。この残虐な政治劇はとても特殊なドラマトゥルギーに従っている。すなわち、誰がそれに所属し、誰が属さないかを常に提示し、真の人民とそうでない人びととの間の境界線がどこに引かれるかを示さなければならず、その挙げ句に、自分たちにとっての他者はごく少数だというのである。(5)

象徴を求める政治には帰結が伴う。マイノリティだけでなく「腐敗したエリート」が突き上げを喰らう（または非難の集中砲火にさらされる）のは、メタファーの次元に限定されない[6]。たとえば国境警察のような行政職においては、人間を恣意的にあしらい、とりわけ屈辱的に扱うことが看過されている[7]。二一世紀を特徴づける残虐さはおそらく、力で押さえつけろといった命令というより、最高幹部の目配せや冷笑によって実行されるのだろう。

恐怖のリベラリズムの厳命は、艱難辛苦の報告に先入観なく耳を傾けよ、である。このことはまた、煽動に執着するポピュリスト指導者の話に耳を傾けるだけではなく、彼らが代弁していると主張する人びとの話を聞くことも意味している。機転を利かせつつ、越えてはならない一線が越えられた時はいつでも、毅然たる態度で臨まなければならない。そうすることではじめて、これまでの生きられた体験の一つ一つが、人為的に分極化されてしまった政治レベルでの言説とは異なったものとして立ち現れてくるかもしれない。

「ポピュリズムの時代」とされる時代においてはじめてポピュリスト政党が予期せぬ敗北を喫したのは、オーストリア大統領選挙においてであった。第一回目の投票で人民の支持を得たノルベルト・ホーファーは、緑の党の老教授であるウィーンの対立候補に決選投票で敗北したことを認めざるを得なかった——それは実際予想するのが難しかった。ホーファーはドナルド・トランプを大いに模倣していたが、この大統領選にはあまり効果がなかった。しかしこの結果を説明するものは他にもあった。それはこうした動きに応じて、ファン＝デア＝ベレン側の選挙運動が、通常はウィーン市街には足を運ばない多くの人びとをヴォランティアとして動員したことに関係していた[8]*。そして、彼らは対立候

補との対話において、直ちにファシズムと非難するのではなく、まずは耳を傾けたのであった。(9)

偽りの対立――「文化的」対「物質的」

右翼ポピュリズムの出現は、実は左翼あるいはリベラルの責任であると主張されることが多い。彼らがまき散らしたアイデンティティ・ポリティクスが右翼のアイデンティティ・ポリティクスを煽動した（あるいは少なくとも可能にした）、と言うのである。もっと簡潔に言うのであれば、左翼が（文化闘争を）始めたのだ。くり返し聞かれたのは、ヒラリー・クリントンは、虹の連立〔差異を承認する政治〕の思想を推進したから二〇一六年の大統領選で敗北し、かたやトランプは、マイノリティのための政治に対して、脅かされた白人マジョリティのための独自な政治で応えたから勝利したということである。

まず、ここで提示されている顕著な例は経験的に言って正しくない。有名なトランスジェンダーのトイレ問題――「アイデンティティ・ポリティクス」の例として頻繁に利用されるステレオタイプ――は、選挙戦で全く問題にならなかった。メディアの中で最もクリントンと関連づけられやすかったトピックは、クリントンが何らかの形で腐敗しているという疑いを強めるスキャンダラスな話であ

＊　緑の党員であったファン＝デア＝ベレンは、大統領選に出馬するにあたって脱党し、無党派の候補として選挙戦に臨んだ。もちろん緑の党も各種支援を行なったが、表向きは「ファン＝デア＝ベレン共同支援団体二〇一六年大統領選に向けた独立イニシアティヴ」を中心にしたヴォランティアによって支えられていた。

った（極秘扱いの用件に私用メールを使ったとか、クリントン財団でのあやしい献金問題等）。彼女が「日常的アメリカ人」（クリントン陣営が使っていたあまりうれしくない表現）のために掲げた社会・経済政策は、世間一般には全く浸透しなかった（これに対してトランプはほぼ常にトピックを移民問題一つに絞っていた）。だが、有権者の多くは、クリントンがもっぱらマイノリティの（ここには常に女性が含まれるのが興味深い）「特別な利益」を掲げて選挙戦を闘ったとは全く認識していなかった。[10]

さらに、ブラック・ライヴズ・マター、あるいは#ＭｅＴｏｏのような運動が特定のアイデンティティを絶対的に確立することを目指しているのではなく、基本権を請求するために市民を動員しようとするものだったことを、ここでもう一度想起した方がよい。[11] 動員できるのはしかし、多くの人に分かち持たれた苦しみの経験に関心を集めることができる時だけである。それにはまず、（しばしば侮蔑的に）割り当てられたアイデンティティが引き合いに出されなければ始まらない。そこで目指されるスティグマから自尊への移行は、境界を設ける戦略ではなく、アイデンティティを戦術的に前面に出していくというエンパワメントの戦略に基づいている。マイノリティが単にナルシシスト的に自分について語っているだけだ、と非難する人たちは、実際にはスティグマを負わされた人びとに対して、そのスティグマについては語ることさえ許されていないのだ、と説いているようなものである。ハンナ・アーレントはかつて、ユダヤ人として攻撃されると、自らユダヤ人として身を護る、と述べたことがある。直ちに一般論へと逃げ込むような弁護をしてしまえば、特殊な状況や理由を知ることは不可能になる。

さらに、政治は、「私たち」を強くすることに留まるものではない。まずは、個々の物語が語られなければならないが、それは「大文字」の歴史についても当てはまる。なぜなら、残虐性や抑圧、搾取は昨日始まったわけではないからである。差別の構造的理由が本来の問題であり、あらゆる事細かなアイデンティティが問題なのではない。とはいえ、後者が重要なものとなるのは、様々な差別形態が複層的に交差するのを認識するときであり、ナルシスト的な自己投影（あるいは自己実現を求めるリベラルの自己中心的な振る舞い）とは全く関係ないのである。[12]

リベラルあるいは左翼のアイデンティティ・ポリティクスを片側に、右翼のアイデンティティ・ポリティクスを別の側において対称的に捉える考え方は、錯誤に近い。前者は差異に基づいた正真正銘の差別体験に光を当てることで、差別からの保護を要求する。だが、その差異が絶対的なものとして設定されたり、あるいは（あたかも差別の度合いに従った新しいカースト制度を作る必要があるかのごとく）個々人がアイデンティティという属性に固定されるわけではない。右翼のアイデンティティ・ポリティクスも一見、保護を要求しているように見える。たとえば、「民族改造」と呼ばれるものからの保護である。しかし彼らはこの場合、差別や苦しみがどこにあるのかということを説得的に示すことができていない。つまり、ここではアイデンティティが問題視されたり攻撃されたりしているわけではない。だが、ないのにあるとされている攻撃を、自らの（国民的）アイデンティティを明確化することで、撃退するのである。

自身のアイデンティティを問うことは明らかに非難されるようなことではない。だが、政治的に見て重要なのは、他人のアイデンティティをどう扱うのかという点である。ポピュリストが行なうように、他人の正当性は根本的に否認され得るのだろうか。極端なケースでは対立がまさしく実存に関わるものとして理解されることで、政治は文化闘争と内戦とを一体化させるのだろうか（ハインツ＝クリスティアン・シュトラーへのような人物はたとえば、オーストリアにおける内戦の危険について口角泡を飛ばした）。＊境界のないところにアイデンティティが存在しないことは自明の理であり、わざわざ友敵理論家＊＊の手を煩わす必要はない。だがそれでもこれは、「他者の存在を問うことがなければアイデンティティはない」という主張とはどこか異なっている。近代リベラル民主制の要諦は、他の市民やその生き方を必ずしも慈しむ必要はないが、彼らが自身の考えを追求するのを禁止してはならない、ということだった。さもなければ、彼らを恐怖に曝すことになるからである。

アイデンティティ・ポリティクスの敵を自認する人びとはマイノリティに対して、「分け隔てるもの」ではなく「結びつけるもの」に着目すべきだという要求を掲げてきた。だが、このように捉えると、権利はくり返し再交渉されなければならないといった考え方が、「分け隔てるもの」の方に入れられてしまい、「結びつけるもの」の要因となり得ることが最初から排除されてしまう。一方、右翼ポピュリストの側では、出自や静的で均質だと理解される生活様式（「私たちの生活スタイル」）が「結びつけるもの」へとまずもって固着させられるのである。また意見の一致を作り出すことは民主制における自明の価値であるとされている。そのことは、「一人称の政治（個人的なことは政治的なこと）」の名の下でなされる特別な要望が平穏を壊すものとされ、最終的には正当性のないものとされる状態を出現させる。シュクラーは、あらゆるコミュニタリアンのアプローチを懐疑的に見ており、「同意のイデオロギー」に対して常に強く反対した。(13)「分裂」のないところに民主制はあり得ないのであり、意見の一致はそれ自体に価値があるわけではない。(14)

さらに「結びつけるもの」であるところの普遍性は誰もが異論なく主張できる概念なのだと、しばしば深く考えずに想定されている。ジョナサン・ハイトやグレッグ・ルキアノフといった反アイデンティティ・ポリティクス運動を大真面目に行なっているアメリカ人活動家たちが「普遍的人類《コモンヒューマニティ》のアイデンティティ・ポリティクス」と呼んでいるものも同じである。だが普遍性とは、どの程度普遍的なのだろうか。人種主義やセクシズムの嫌疑がかかっている人びとは、「市民」あるいは「人間」といった包括的概念（そして、これらの概念のために構築された権利）についての彼らの理解が、思っていたほど普遍的に符号として共有されていないことに気づく必要があった。彼らは憲法を起草制定し、法律を作った。だが、彼らはいくつかの重要なグループを忘れているとも批判されなければならなかった。アビゲイル・アダムズは一七七六年三月、自分の夫で、アメリカ建国の父であり、後に大統領になるジョン・アダムズ宛に「女性たちのことを忘れずに」と書いて送った（それにもかかわらず彼は忘れてしまった）。

要するに、普遍主義にも様々な盲点があることをあえて示そうとする人びとは次のような反応に出くわす。「ここには立ち止まって検討すべきものはありません。すでに権利については、達成すべきものはすべて達成してしまったんですよ」と。だが、有名なアフリカ系アメリカ人のフェミニストた

＊　二〇一六年秋の大統領選の最中に、オーストリア自由党党首のハインツ＝クリスティアン・シュトラーへがオーストリアへの移民に関して演説する中で「内戦」に言及したことを指す。オーストリアは一九三四年キリスト教社会党陣営と社会民主党陣営との内戦を経験している。

＊＊　カール・シュミットを指す。

ちから構成されていた（反アイデンティティ・ポリティクスの政治家にとっては諸悪の根源）カンビー・リヴァー・コレクティヴの中心テーマの一つが「人間として認められること、平等な人間として承認されること」[15]だったことにはめったに言及されない。社会学者のジルケ・ファン・ダイクは、現実に存在していると称される普遍主義が特殊な利害の産物であることを暴露する普遍主義を、正しくも「抵抗の普遍主義」と名付けた。それとは対照的に一部の批評家たちは、それをほとんど耐え難い特殊主義だと非難したのであった。[16]

つまり目的は、自由や平等といったすでに共有されている原則をよりよく実現することであり、特殊な利害を求めてそれらをかいくぐることではない。ゲーテの有名な言葉によれば自由 Liberalität とは承認することである。第一に、これは、共有された原則が常に実践の中でくり返し適用される個別状況の承認を意味している。そして最終的には、扱いにおける平等と、恐怖からの解放（権力者の恩着せがましい出方に一喜一憂し続けるのではなく）を「権利によって」保証することの承認となるのである。別言すると、答えは個人と集団を効果的に護る自然権のリベラリズムにあるということになる。

改めて物質的な側面を含む社会正義について考えてみると、これはもっぱら感情的なアイデンティティ・ポリティクスに対置されてくり返し取りあげられている。こうした間違った対比の仕方をすると、社会正義を求めた闘いが「アイデンティティ・ポリティクス」にも結びつけられた際に、常に成功した事実を見落としてしまう。[17]最も明白な事例として労働運動を考えてみよう。労働運動は賃金労働者のための利益団体であったばかりではなく、特定の生活様式を発展させることが重視されるような、共通の尊厳を護る文化プロジェクトとしてもまた理解されてきた（ここでは赤いウィーンが再び思い出される）。

社会正義を自然権のリベラリズムと対立させようとする試みは、私たちが直面しているのが一種のゼロサムゲームなのだという考えに基づいている。そこでは、社会全体が苦しみに対して敏感になり、より深い連帯を発展させるような可能性はまず視野に入ってこない。同様に、特殊なものは大きな全体から常に目を逸らしてしまうと考える崇高な普遍主義者たちは、いかにして物質的な不利益と差別がしばしばお互いを強め合っているのかということを見いだす力がない。米国における白人労働者の「心理的賃金」、つまり黒人よりも自分たちの方が根本的に優れていると感じさせるもののことを考えてみるだけでよい。

そうであっても、特殊なものは常にその当事者たちだけが説明できる（あるいはそうしてもよい）という具合にはならない。かといって、特殊な法律や例外的取扱への要求全てが、あり得るすべての異議に直面するわけでもない。だが異議を申し立てる人びとは常に、そうではなくともすでに中傷されている特定のマイノリティに対して「結びつけるもの」――ただし彼らが選んだもの――を突き付けることでやり込めようとする。ブルカとニカブについての議論を考えてみればよい。そこではフランス国家が提唱し、またヨーロッパ人権裁判所が支持した漠然とした議論、つまりベールを着用することで共同生活（le vivre ensemble）が不可能になるという議論をくり返し耳にした（その際、当事者たちがそう行動する理由や、共同生活をどのように考えているのかといったことが尋ねられることはなかった）。同様のやり方で数知れない他の実践も反社会的であると言えば、簡単にスティグマ化することができてしまう（リベラル国家はその構成員が自らの意志で社会の周縁に留まったり、特定のコミュニティから隔絶しようとするならば、それを妨げてはならないということをしばしば忘れてしまう）。

偽りの方程式

リベラリズムは中道と中庸を意味していると常に言われる。一九世紀に生じ、リベラリズムを理性そのものと結びつけたこの思想は、現在再び勢いを得ている。右翼ポピュリズムとも左翼ポピュリズムとも改めて意識的に一線を画し、現実的にはこれ以外に採るべき道がないと宣言する。これは、今日のエマニュエル・マクロンの自己演出に特に顕著に現れているだろう。このフランス大統領は、第三の道（おそらくギゾーの）を遅ればせながら継承する者として、マリーヌ・ルペン率いる右翼ポピュリストと、ジャン゠リュック・メランション率いる左翼ポピュリスト政党である不服従のフランス（La France insoumise FI）との間に位置し、良識ある中道を行く存在として自らを描いた。だが、このように左右対称の構図で自己像を示すと、誤解を招くことになる。今日のヨーロッパでは政治的左翼ポピュリストとのレッテルを貼られている政党の多く（FI、シリザ〔ギリシアの急進左翼連合Syriza〕、ポデモス〔スペインの左翼ポピュリスト政党〕等）は無責任、デマゴーグ、政治的に未熟だといった具合に見なされがちであるが、彼らは体系的に反多元主義を採るという意味でのポピュリストではない。だからといって、つまるところ左翼ポピュリズムなど全く存在しない、と言っているわけではない。最初はチャベス、そして今はマドゥロ〔いずれも社会主義者〕支配下のベネズエラは、政治的敵対者がもはや尊重されないだけではなく、（正真正銘のボリバルの人民という名において）組織的に排斥されている状況を示す顕著な例である。

アメリカ合衆国においても自称リベラルの多くが意識的に左翼と右翼に対して自ら距離を置こうとしている。かつてのジョージ・W・ブッシュのスピーチライターであり、「悪の枢軸」という表現を考案したジャーナリストのデイヴィッド・フラム（今日では彼は不自然なほど中道リベラルたちの人気者となっている）は、トランプ主義は右翼であり、全く質《たち》が悪いが、バーニー・サンダースに代表される「専制君主とユートピア政治のテロ」も同様にろくでもない、と書いている。さらに、オルタナ右翼は本当に悪いが、大学にいる左翼のポリティカル・コレクトネスは恐ろしいほど抑圧的だ、というような具合である。アダム・ゴプニクは、右翼の問題はあたかも一九世紀が全く存在しなかったかのように振る舞うことであり、左翼の問題は二〇世紀には全く何も起こらなかったかのように振る舞うことだと書いている[18]。描き方としては上手に見えるが、これが実際に意味しているのは、リベラルを真ん中としてそれより左にいるすべての人びとは、一旦、スターリン主義者か毛沢東主義者であるとの嫌疑をかけられるということだ。

もう一つの脱政治化戦略は、もっぱらリベラリズムを心理学的な解釈へと退却させるところにある。すなわち、それは結局気質の問題であり、真のリベラルはタレイランの「あまりに熱意を込めすぎないように」という格言に従うものだということになる。アイザイア・バーリンはかつて、結局のところ、「すべては妥協と均衡、適応と経験的ポパー主義〔反証主義〕等々の問題である」と書いた（あるいは、情熱的な反テロ闘士であるばかりではなく、才気ある論客のシンボル、クリストファー・ヒッチェンズのような人物は、かつてバーリンの態度を「中庸か死か！」と諷刺した[19]）。

適切な態度と語調、デスカレーション〔段階的に下位にアプローチすること〕を巧みに行なうことなどはもちろん、民主制においては役立つことが多いはずである。だが、いかなる状況においても中道が金であるといった考えは誤りとなろう。というのは明らかに他者の位置取りに依存することになるからである。自身の信念や実践的思想に対する適度な懐疑は確かに賞賛に値する。だが、そうであったとしても、それは進むべき方向性を示す政治綱領に代わるものではない。懐疑することは、恐怖のリベラリズムの感覚器の代わりにもならない。恐怖のリベラリズムはまず犠牲者の経験に傾注し、その後に自然権のリベラリズムの内に答えを求めようとするのであり、アプリオリに「強制的シンメトリー化」（ユルゲン・ハーバーマス）したり、すべての答えが中庸でなければならないと主張（この場合もちろん、犠牲者はどちらの側にも左右対称に分布するとみなされている）するのでもない。*

偽りの友人

何かが間違っていると感じるだろう。今日ではリベラリズムを熱心に擁護する人びとの多くが、どこかしら非リベラルであるかのように見えるのだから。たとえばスカンジナビア諸国やオランダのような民主制の模範国における多くの政党が、非リベラルなスローガンを掲げていることにも驚く。事実、それらがしばしば右翼ポピュリスト政党であることは、今や明らかである。その際、どこに共通部分が見いだし得るかはそれほど不可解なことではない。すなわち、福祉排外主義に賛成する諸政党は、能力が低いと見なす人びとを以前から排斥したいと願っていたリベラリズムに接続した。あるいは――それはネオリベラルな変種であるだろうが――実際に規律化の手段によってそうした人びとを排斥している。難民や移民にリベラルの価値を教え込もうと日夜努力しなければならないと考えている諸政党も、その信念を能力や資格による選抜に鋳直すような政策を進めている[20]。

あまり明らかになっていないのは、リベラリズムの友人を自認するこのような人びとが、自然権のリベラリズムそれ自体を魅力的だと考えているわけではないということである。ジュディス・シュクラー自身は、自らを特殊な難民だと述べていた。彼女は自分の体験から、強い共同体と残虐性が簡単に両立し得ることを導き出しただけではない。断固たるリベラル・コミュニタリアニズムでさえ非リベラルな誘惑に屈してしまうことがあり得るのだ、とくり返し主張してきた。

この関連においてもう一度、近代以前の自由 Liberalität の思想を想起してみるべきである。これは（文書によって保証され、強制力のある）自然権のリベラリズムとは全く異なるものだったが、その思想は、おいそれと廃れてしまうものではない。リベラル思想を排除の尺度として利用したいと思うばかりではなく、本気でそれを実現しようと考えている人びとに疑問が生じたならば、もう一度、リベラル思想が様々な文脈において発展し、時とともに魅力を増していく可能性を、リベラル思想に付

＊　ハーバーマスは現在のドイツにおいて政治家が「右翼」的言説を用いることを憂う市民に対し、かつての西ドイツで行なわれたように「右翼の過激主義」が持ち出されるとそれに対応する「左翼の過激主義」を対置させる（eine zwangshafte Symmetrisierung）といったことはせず、新たなファシズムの苗床をドライに切り捨てるべきだと述べた（Jürgen Habermas, Für eine demokratische Polarisierung. Wie man dem Rechtspopulismus den Boden entzieht, in: *Blätter für deutsche und internationale Politik*, 2016 November（https://www.blaetter.de/ausgabe/2016/november/fuer-eine-demokratische-polarisierun）。

与するべきだろう。同時にミル的な人格的発展の理念を拒否することが、完全に自由な決断に基づいてなされ得ることも理解すべきである。

偽旗の下で

二〇一四年七月ハンガリーのオルバーン・ヴィクトル首相はジーベンビュルゲン*の夏季大学で恒例の基本方針演説を行なった。彼はハンガリーを「非リベラル国家」にしたいと主張した。それは本当なのかと疑いを持った人びとからの質問に対して彼は、本当に「非リベラル民主制」を意図していることを明らかにした。欧米諸国のコメンテーターの間に動揺が走った。ＥＵ内の一政権が公的にリベラルの原則とは縁を切ると述べるなど信じがたいと思われたからである。オルバーンのブレーンたちは、事態を急いで鎮静化しようと躍起になった。彼らの一部は、首相はただネオリベラル的な経済政策を拒否したかっただけだと言い、別のブレーンはキリスト教民主制の基本思想を時宜に適った形で定式化したに過ぎないと主張した。

それ以来、「非リベラル民主制」という表現をめぐる争いは衰えていない。観察していた知識人ばかりではなく政治家も、ハンガリー、ポーランド、そしてトルコのような政府をそう分類し、さらに多くの場合、それらを批判するためにこの言葉を使用した。だが、ここで言う「非リベラル」とはどのような意味なのだろうか。あるいは、ヒラリー・クリントンが二〇一八年秋にオックスフォード大学法学部で行なった演説で強調したように、「非リベラル民主制」という概念は単なる撞着語法なのだろうか?[21]

「非リベラル民主制」という言葉は、外交政策に関するアメリカの権威ある専門誌『フォーリン・アフェアーズ』に一九九七年に掲載された、アメリカ人ジャーナリスト、ファリード・ザカリアの論文から始まった。[22] 当時は一九八九年以降の民主化推進についての大きな政治的熱狂も冷めていたが、第1章で述べたように、当時への振り返りが行なわれる際にしばしば言及されるほど、リベラルたちは彼ら自身の大義名分を確信していたわけではなかった。ますます多くの国々で選挙が行なわれたものの、少なからぬ場合において、市民は「強い男たち」に投票し、そのうちの多くは直ちに権力を利用して法治国家を掘り崩し、マイノリティを攻撃した（具体的にザカリアが当時の政治家として挙げているのは、アルゼンチンのカルロス・メネム、ペルーのアルベルト・フジモリ、あるいはベラルーシのアレクサンドル・ルカシェンコである）。そのためザカリアは、多数支配の原則を有する民主制を、個人と集団の権利保護（この意味において自然権のリベラリズム）であると解釈するリベラリズムからはっきり区分した。そして、双方を同時に手に入れることができない場合は、英語で「法の支配」と呼ばれるものの方がよいと言う（ハイエクのような人は、すでに、リベラリズムが欠けている民主制よりはリベラルな独裁制の方がよいと認めていた[23]）。

ザカリアの文章は神経を逆なでしたが、それは彼独自のものではなかった。第3章で詳述したように、民主制とリベラリズムとを分ける考え方には長い伝統があった。リベラルたちが部分的に自らそ

＊ アルデアル（ルーマニア語）／エルディーイー（ハンガリー語）、日本語ではトランシルヴァニアとして知られている地域だが、ここはかつてよりドイツ語話者、ルーマニア語話者、ハンガリー語話者等々がともに暮らす多言語話者地域である。

れに取り組んだし、あるいはリベラルに対する批判者たちもこれを行なった（たとえばエンゲルスは一八四五年に「リベラリズムと民主制の完全なる相違」について書いている）。このように区別する考え方はドイツ語圏においては、国法学者カール・シュミットが特定の人民による集団的自決権という考え方を、国境で制限されず普遍的なものだとされるリベラルな人権から峻別した戦間期にその絶頂が現れた。彼の民主制概念は、それを純粋に「算術」の問題としてかたづける多数決の原則に基づくものではなかった。むしろ、シュミットによれば、真の指導者は、大衆側の喝采を通じて国民との神秘的な一体感を証明でき、そうすることで、最終的に自らの正当性を獲得できた。すでに示してきたように、しばしばリベラルは民主制を「多数による専制」とも同一視していた。

アイデンティティに基づく民主制概念や実在した「人民共和国」は、人民だけが支配を正当化することができるという民主制の基本原則に基づいて、王権神授説をきっぱりと否定した。しかし、この政治形態は本当に民主的であるとは言い切れなかった。市民参加を通じた支配者の交代が起こることが想定されていなかったからである。さらにこの諸概念はポーランド出身の政治学者アダム・プシェヴォルスキが作り上げた、民主制は政党が選挙で敗れるシステムであるという非常に簡素だが優れた最小限の定義さえ満たしていなかった。[24] より簡単に言えば、民主制においては将来、誰が敗者になって勝者になるかは誰も知ることができないということである。国民投票で指導者を決める体制は、それが右翼あるいは左翼のイデオロギーによって支えられているかどうかとは関係なしに、投票前にこの不確実性を最小限にするように働く。

これは「非リベラル民主制」の歴史的事例がリベラリズムの欠如に苦しんでいるだけではなく、最低限の意味において、実際には一度も民主制が機能さえしていなかった点を明確に提示している。そして――これが重要なのだが――今日においても同様な状況が存在している。すなわち、ハンガリーでは選挙制度が徐々に与党に有利に作り替えられており、トルコでは政府が表現の自由や集会の自由を大規模に制限している。両国では市民社会が大きな圧力にさらされている。メディアの多元主義はもはや問題とされていない。

民主制のための基本となる政治的権利が明らかに損なわれている点で、法治国家が掘り崩されているだけではない。選挙日に偽造投票用紙で投票箱が満たされていないことを政府が示すだけで民主制が機能している証拠になると考える人びとは、開放的な民主的意志形成のプロセスなしには民主制が行なわれないことを見落としている。そしてこのプロセスは民主制を最終的に構成する基本的権利なしでは機能し得ないという点についても見逃すことになる。(25) 二〇一八年四月にハンガリーで行なわれた議会選挙は、国際的なオブザーバの目にはまだ自由に行なわれていると映ったが、決して公正なものではなかったと評価された。二〇一八年六月のトルコの大統領選挙と議会選挙は、さらに不公正で、多くの点においてもはや全く自由ではなかった。

さらに前述した諸国においては三権分立や法治国家それ自体が攻撃を受けており、とりわけポーランドでは、政府与党が好ましくない裁判官をその裁量で交代させた。リベラリズムと民主制とを峻別して維持したいと望む者は、この措置はまずもってリベラリズムへの損害だと記すであろう。とはいえ、最も重要な裁判官すべてが政府の言いなりであるために民主的権利が行使できない場合は、民主制そのものが犠牲になっていると苦言を呈すべきである。

もし、批評家が民主制という言葉をエルドアンやオルバーンのような人物の手に渡るのをあっさり許してしまうのであれば、それは致命的だ。というのは、グローバルな危機あるいはまた民主制の「後退」が叫ばれている中で圧倒的多数の国々が、依然として民主的であることを国際的に承認されたいと願っているからである（そうでなければ、どうして権威主義的諸国家が大金をロビー活動につぎ込み、欧米諸国の元政治家を使って、国際組織やメディアにおいて自国が模範的な民主主義国家であると主張させるようなことをするだろうか）。[26] 民主主義国家であるというステイタスには、依然として国際的にも国内的にも政治的価値がある。それは国際的には名望と目に見える経済的利点をもたらし、国内的には敗北した政敵に対して、あなたたちは支持を得られなかったのであり、断固として多数の意思に従うべきだと批判できる。そのため今日では実際に、公式に民主制を放棄しようと考える者はいない（タイやエジプトの軍事クーデターを思い浮かべて欲しい。将軍たちは「制度化された不安定さ」を終わりにしたが、民主的価値を旗印にし続けている）。その点が二〇世紀の場合とは全く異なっている。[27]

これに対して「非リベラル」だという批判は、オルバーンやエルドアンにとって痛くもかゆくもない。彼らはいずれにしてもリベラルでありたいとは思っていないからだ。オルバーンは「非リベラル」であることを政治的な栄誉のメダルだと見なしており、エルドアンは長年、特殊なトルコ風「保守的民主制」の代表者だと自認している。とりわけ一九八九年以後の東ヨーロッパにおいて、「リベラリズム」は、もっぱら市場経済と民主制への移行過程で生まれた勝者のためのものだという認識がオルバーンやヤロスラフ・カチンスキにも幸いした。「リベラル」は西部開拓時代〔野蛮な欧米の意味〕の資本主義を意味した。ワルシャワやブダペストの高級寿司屋で寿司を奮発できるような人びとが、政治的にリベラルな態度をとっている。こういう印象から「非リベラル」であるとの自己宣言は自動的に、政治経済の移行で傾いてしまったり敗者になってしまった人びととの連帯のシグナルとして現れた。敗者と弱者にとって定義通りのリベラリズムは存在し得なかったのである。

ＥＵの諸機関がポーランドとハンガリーで展開している状態を批判し、司法の独立性侵害の疑いで欧州委員会がポーランド政府に対して「法治国家上の手続き」を発動した際、それは司法機関だけを、または最も広義でのリベラリズムを護ることが大事であって、民主制全体を護ることが主眼ではなかったように見えた。さらに、このようなレトリックは、ある種の役割分担のイメージを定着させてしまう。すなわち民主制は、自明のことだが常に国民国家が担当する一方で、法治国家が円滑に機能しなくなった場合にのみ、欧州委員会長代理であるフランス・ティンマーマン率いるリベラルな超国家的団体が修復のためにブリュッセルから派遣されるという構図である。

オルバーン、カチンスキそしてエルドアンのような政治家は、欧米の批評者との闘いを一種の文化闘争として見事に解釈し直した。キリスト教民主主義の正真正銘の理解者であると自認しているオルバーンは、自分の政府が揚げ足を取られているのは、伝統的家族像、自国経済の保護、運命共同体としての国民への敬愛といった真に保守的価値を成功裏に実現させたからだ、とくり返し主張した。彼はまた西ヨーロッパの右翼に、勇気を持って私の後に続けと言い続けた。そして、アンゲラ・メルケルに引きずられて、同性婚から国境開放まで「何でもあり」の相対主義的リベラルなノーマンズランド（そこにはもう国家というものが存在しない。というのも国家には国境があるが、リベラルで開かれた社会を求める代表者たちは国境を常に廃止したがっているからだ）を目指してはならないと訴えた。

非リベラルを自負する人びとは、基本権には再考の余地があるかのような議論を巧みに興し、民主的構造の統合性を疑問視する。彼らのこうしたやり方は批判を侮蔑的に退けるのに役立った。つまり、「もちろん、私たちが伝統を大事にするのを、左翼リベラルたちは本当に許せないのです」と言って、批判が党派的でどこまでも主観的なのだと印象づけた。その上、非リベラルは自分たちと相容れない思想に非寛容的であるにもかかわらず、自分たちは寛容の擁護者だと言うことを好む。彼らは徹底的に均質化された（「ジェンダー・イデオロギー」、個人主義あるいは、常に画一化された原則に従った）ヨーロッパの価値共同体内に生じる逸脱した道徳概念を許してはおけないらしい。かつてフィディス＝ハンガリー市民同盟〔オルバーンの属する政党〕のヨーロッパ議会議員シェプフリン・ジェルジは、「民主主義の唯一の形態がリベラル民主制であると主張する人びとは、民主主義を危険にさらしている」とさえ主張した。つまり、リベラルが集団的自己決定の理念を実際には尊重していないということを言おうとしたのである。[28]

ハーヴァード大学で教鞭をとり、東ヨーロッパにおける政治的実験を長年にわたって好意的に見てきたカトリック系法学者エイドリアン・ヴァーミュールは、ブリュッセルのEU官僚は、実際には常套句で言われているようなテクノクラートでは決してないと述べて、ハンガリーとポーランドの両政府を擁護した。EU官僚たちは、むしろヨーロッパでリベラリズムへの信仰を広めるため宣教師然とした熱意をもって行動しているというのである。[29] つまり、「リベラリズムという宗教」の信奉者にとって、政治的キャリアを始めた時にはリベラルであったオルバーンはとりわけ危険な敵である。それゆえ、反リベラルの背教者はあらゆる手段をもってリベラルの宗教裁判で訴追されなければならないというのである。

このような国民を超えた文化闘争というポピュリズム解説者の好む考え方は、[30]誤解を招くことがある。ＥＵは保守派がその非リベラルの信念を護りたいと思う政策分野ばかりを懸念しているわけではない。中絶に関するアイルランド（つい最近まで）やポーランドの世論は、オランダの世論とは異なっているし、共同体へのノスタルジーを表明したいならば、どこにいてもそれは可能である。[31]* 成功した人生とは何なのかについての考え方に緊張対立が生じたとしても、価値をめぐる論争は、民主制においてはその意見を表明し十分に闘えばよい。なぜなら価値の対立闘争は、民主制と権威主義との対立とは関係ないからである。

また各種の政治的基本モデルに関して言えば、ヨーロッパでは多元主義が依然として支配的である。多くの国には憲法裁判所があるが、相当数の国家にはそれがない。だからといってそういった国家が自動的に「非リベラル民主制」を採用しているとは誰も思わないだろう。ただし、ＥＵに必要なのは

＊ アイルランドではカトリックが多数を占めるが、二〇一八年には人工妊娠中絶を合法化する憲法改正を行なった。一方、カトリックの多いポーランドでは一九九三年制定の妊娠中絶禁止法で社会的理由による中絶が禁止されたものの、母体の危険、胎児の回復不可能な障害、犯罪行為による妊娠の場合は中絶を認めていた。ところが、二〇一六年になると全面的人工妊娠中絶を禁止する議論が始まり、二〇二〇年一〇月、胎児の障害が判明した場合にも人工妊娠中絶は禁止される判決が出され、二〇二一年一月には中絶がほぼ全面的に禁止された。オランダには人工妊娠中絶法があり、女性の意志により中絶が可能である。一方、ＥＵ基本権憲章においては尊厳、自由、平等、連帯等を規定するとともに、「欧州の人びとの文化と伝統の多様性を尊重」すること、諸権利の享受が人間共同体に対する責任と義務も伴う（前文）ことが記されているところから、「共同体への憧憬」を満たす条件をＥＵが保証しているとも考えられる。

法治国家における最小限の民主制なのである。そうであってこそ、ヨーロッパ諸条約で予め定めてあるように、ＥＵ構成国は各国民国家における裁判所の決定を相互に承認しあうことができる。また、民主制と法治国家という共通原則に訴えることは、美辞麗句だけの中身のない演説のためだけにあるのではない。これらの原則は、多くの点において、国家ばかりでなく国家ではない政治的共同体が機能するためにも不可欠であり、共通原則が背後にあるからこそ相互に信頼しあえるのである（共通原則の適用は当然のことながらブリュッセルによってもまた監視されている）。

諸価値の対立と民主的基本構造をめぐる論争との間に、必ずしも常に明確な境界線があるわけではない。たとえばある国家が、同質の人民から構成されるという理想像を設定したとしても、それは必ずしも一義的に自然権のリベラリズムを制限することにはならない。だが、この構想に合致しない人びとはすぐさま、自ら二級市民であると感じざるを得なくなり（そして恐れも抱き）、実際に、彼らが民主的基本権を行使しようとすると、制限されることになる。彼らの要求は、帰属が正しくないことを理由にあまり重要ではないとして軽んじられる。たとえば、二〇一八年に可決されたイスラエルの国民国家法に対して批評家たちは抗議の声を上げた。*

ここに「非リベラル民主主義者」であると自ら宣言し、またそう行動することは、いかなる場合においても、それ自身矛盾しないはずだということも付け加えるべきであろう。その歴史上の最たる例は、ヨーロッパとラテンアメリカのキリスト教民主主義者である。この人びとは、ただの一度も、どんな意味であっても自分たちを「リベラル」と称したことはなかった。というのは彼らの目には、「リベラリズム」が相対主義や個人主義、とりわけ唯物主義の象徴だと映ったからである。だがこれはキリスト教民主主義者の民主化の度合いが決して低かったことを意味しているわけではない。遅くとも一九四〇年代以降、彼らは多数決の原則を受け入れてきた。たとえマジョリティが自分たちの道徳観念を実現していなかったとしても、である。より重要なのは、カトリックの哲学者であったジャック・マリタンの先駆的な仕事を受け、これらの諸政党の多くが人権を妥協の余地のない最重要事項として宣言したことである。ドイツにおいては国法学者のエルンスト＝ヴォルフガング・ベッケンフェルデの一九五〇年代の著作は、政治的形態としての民主制は人権の尊重に無条件に開かれるべきであるとする議論の宝庫であった。

したがって二〇一八年、ジーベンビュルゲン〔アルデアル／エルディィー〕で行なわれたオルバーンの演説のように、キリスト教民主主義者を盾にとって、自らの家族政策が非リベラルだと誇らしげに宣言したのはあながち間違いではなかった。ただ、キリスト教民主主義の歴史に言及することで、何が、そしていかに正当化されるのかについては、常に注意深く検討しなければならない。たとえばこのハンガリー首相は、あらゆる世界へのキリスト教の拡大は、常にそれぞれの国民の枠内で生じたのであり、国民を廃止することによってではなかったと主張した。そう述べることで無制限の移民や世界政府を支持するとされる「リベラル・グローバリスト」に反対する立場を表明したのである。ただし、

＊　この法律ではユダヤ人を優遇し、イスラエルに居住していたパレスチナ人を冷遇する姿勢が法律で明確化される一方で、ユダヤ教徒がユダヤ人と同義で扱われており、ネタニヤフ政府が国籍の異なる世界各地の離散ユダヤ教徒をも統合していく方針を持っている点が明らかになった。

この国民国家固有の価値は聖書では滅多に触れられていない。それは、国民国家がご存じのように近代の発明物だからである。より重要なのは、ドイツやイタリアのような諸国におけるカトリック教徒が少なくとも長い間、まさにその発明物で病んできたということである。かのビスマルクはカトリック教徒に対して文化闘争をしかけたが、それは国民国家が同質であるべきであり、カトリック教徒市民はその信仰心を国民的アイデンティティの上に置くのではないかと疑われたからである。つまり迷った場合は、ローマに忠誠を誓い、ベルリンには忠誠を誓わないのではないかと考えられていたということになる。オルバーンの「キリスト教的国民」構想は歴史上のキリスト教民主主義とはあまり関係がない。さらに言えば、国民を常にブリュッセルに対立させる彼のやり方は、ヨーロッパ統合の父であるキリスト教民主主義者の遺産に対する裏切りだ。彼らが克服したかったのはまさに、国民国家が何の拘束も受けずに行動することだったのである。

このようなことから、非リベラルな政治構想を追求する民主制が存在し得ることがわかる。その民主制下では自己実現それ自体に価値があるとは見なされないし、また自然権のリベラリズムは、制限された形でしか実現されず、たとえば女性が常に一貫して不利な扱いを受けることになる。今日の視点からすると、戦後西ヨーロッパの民主制の多くは——たとえばホモセクシュアルが刑罰の対象であったことからもわかるように——この意味において明らかに非リベラル民主制が現れていたと言える。だが、当時の政治的基本構造において、今日のハンガリーやポーランド、そしてトルコが示すような「非リベラル民主制」があったわけではない。端的に言って、民主制が存在し得るためには、政治的基本権の付与、メディアにおける完全な多元主義の実現、ならびに集団的意志形成のためのインフラを効果的に守る法制度が必要だということである。

したがって、あたかも東側の未成熟な政治文化にのみ問題があるかのように考えるのではなく、それぞれ固有の状況に批判的視線を向けてみるべきだろう。もちろん、欧米では政治的基本権は制限されておらず、また新聞社もテレビ局も政権に忠実なオリガルヒーに買収されはしない。だが、そこでも、より貧しい階層の政治参加の機会が非常に乏しいことはよく知られている。こうした状況があることを理解すれば、オランダの社会科学者カス・ミュデが述べた、右翼ポピュリズムは、非民主的リベラリズムに対する一つの非リベラル民主的反応なのだという説に支持が集まるのも納得がいく。[32] これは的を射ているように聞こえるが、しかし、概念的にも規範的にも説得力に欠ける。政治的選択肢が多くの（作り上げられた）制約――とりわけヨーロッパ統合がもたらした――に直面して減少したのは間違いないが、この選択幅の減少を直ちにリベラリズムのせいにすることはできない――ヨーロッパ連合を非政治化された共通の法的空間（本書ですでに何度か論じたモデル）を作る試みとして理解しない限りにおいては。

これに対してポピュリストは、民主制の側を本当には代表していない。ひとたび政権を握れば、彼らは集団的な自己決定を最大化しようとはしないであろう。その逆である。すなわちポーランドやトルコ、そしてハンガリーでは、裁判所（あるいはブダペストでも新設された予算評議会）のような諸機関が戦略的に掌握されたことで、今後、政権交代が起こった場合でも、政権による裁量の余地は組織的に制限される。ハンガリーでは与党がそれに加えて二〇一二年に施行された新憲法に民族や宗教の要素を刻み込むに至り、論争を呼んだ。つまり、統治している右翼ポピュリストが人民の意思を可能な限り全面的に表現していると見なすのは間違っているのである。

「非リベラル民主制」がこうした誤解を招く概念であるならば、それに代えて私たちはどのようにブダペスト、ワルシャワ、そしてアンカラの政府について議論すべきなのかをもう少し問わねばならない。これまでのところ政治学者や歴史家は、この問いに苦戦している。選挙がまだ行なわれている独裁体制であることを指して「選挙専制」という概念を用いる観察者もいれば、「欠陥民主制」という言葉を提案する人びともいる。後者の場合は、ただ修理すればよいだけの、ある種の政治上のエンジントラブルであるかのようにも聞こえる。むしろ被害が当該政府によって意図的に引き起こされたことを明示するために、「破壊された民主制」と呼んだ方がより適当である。それは権力交代があり得るかもしれないことを強調するためでもある。

さて、政治システムを分類することが単純な問題であると主張する人は誰もいない。まだある程度無傷なままの民主制と、すでに傷ついてしまった民主制とを区分する境界が正確にどこを走っているのかは、簡単なチェックリストで答えることはできまい。つまり新たに自ら「非リベラル」であると宣言した人びとは、民主制や法治国家を観察する専門家のやり方を熟知し、彼らを騙す方法を正確に知っているに過ぎないのである。「非リベラル」たちは、彼らが言うところの改革について個々の局面を正当化できたのは、まっとうな西ヨーロッパの民主制にも同様の政策が採用されているかのように見せたからであった（ポーランド政府が行なった「法改革」が、すでに以前からドイツに存在した条件を生み出したに過ぎないという主張を同政府がくり返し行なっていることを、思い出して欲しい）。だが、このような方向に進むと、社会学者のキム・レーン・シェッペルが「フランケン国家」と名付けたものがすぐさま出現する。フランケンシュタインが創造したモンスターは、それぞれのパーツは全く「正常」であったが、一旦すべてが結合されると、全体としては怪物のような（民主主義理論から見ると病的な）仕上がりとなってしまう。[33] 幸運なことに、ヨーロッパ評議会のヴェニス委員会のような諸機関がこの間、新しい独裁者たちによる選択的（かつ日和見的）な憲法比較がどのように機能するかを非常によく把握していた。これら専門家たちが採用したのは全体を視野に入れるアプローチであり、この観点に立つことでその新興フランケンシュタイン国家に対する実効的な批判が可能になったのである。

それにもかかわらず、このような政治体制に関する総合的判断が常に主観的過ぎると主張する人は、ある国がヨーロッパ連合に受け入れられるか否かについて、いかなる最終的判定が下されるべきかを自問しなければならない。いわゆるコペンハーゲン基準は、ＥＵに加盟できるのが「法治国家的秩序」を保証する民主主義国家のみであると決めている。最終的に加盟を決めるのは欧州委員会であるが、この委員会がなす個々の判定はもちろん正当な根拠をもって批判され得る。とはいえ、この加盟審議が不透明で不可解なので、何も確固としたことは言えない、と主張するような人はほとんどいないであろう。

「自由と安全のバランス」という誤ったイメージ

恐怖のリベラリズムはとりわけ一つの考えを惹起する。すなわち、恐怖からの自由が最終的に意味するのは、個人と集団の安全保障以外の何ものでもなく、したがってそのためには自由が制限されることになるのでは？　という考え方である。恐怖は少なくとも主観的な不安の構成要素であり、それゆえある意味では、自由の欠如でもあるのではないか。ギャングによる犯罪を恐れて通りに出ようとせず、あるいは国際テロリズムの危険に直面して飛行機には滅多に乗らなくなったりするという具合に。[34]

自由と安全の均衡がとれている（または黄金の中庸）という――一見したところ明瞭な――イメージが、一九七〇年代以来、政治と司法の議論に付きまとうようになった。そして九・一一以降、それはさらに勢いを増している。国法学者ヨーゼフ・イーゼンゼーは、すでに八〇年代初めには「安全保障に対する基本権」を提唱していた。その数年前にはある閣僚が、安全保障なしでは他のありとあらゆる基本権はもろいものであるという標語に従ってこの基本権を「超基本権」にまで高めた。[35]

恐怖のリベラリズムは安全保障と自由とを対立させたり、後者よりも前者を断固として優先させるような試みのための論拠を提供するものではない。リベラリズムにとって恐怖は、それ自体の議論ではなく、起こり得る機能不全を立証するものであり、その指標なのである。ありとあらゆるものを恐れることができる。たとえば、合衆国社会の上位一パーセントは増税を恐れている。一方、右翼ポピュリストたちは、彼らだけが正確に理解している市民の「悩みと苦労」に対する断固たる処置が緊急にとられなければならない、と主張する。では、恐怖はどこまで正当化されるのか。これについてはまずもって恐怖をもたらしている原因および特に事実に基づいて議論されねばならず、さらに理想を言えば、それは民主的に決定されなければならない。[36] 恐怖は、政治的判断力の対象になり得るし、またそうならなければならないのである。

国家がいかにして安全保障を最適化しようとしても、当然恐怖の潜在的原因は全面的かつ最終的に取り除かれることはない。危険の中には起こる可能性が極めて低いものもある。それを完全に取り除こうと試みれば、それ自体が再び恐怖を引き起こしたり、あるいは、たとえば恒久的な監視によって自由が制限されることになりかねない[37]。「恐怖からの自由」を志向しても、そこから、主観的感情によって決められるあらゆる偶発性のための事前予防プログラムの実施に強制力は生じない。

自由と安全の均衡というイメージは、加えて、双方の量的価値がお互いを相殺してしまうことを示唆し、さらにそれぞれの価値を担う公の共同体が、集団的リスク選好度に応じてその比率を調整可能であることも示している。だが、このことが二つの点で誤解を招いてしまう。すなわち、安全保障当局は、ますます管轄領域や権限を広げようと欲していることが知られている。だが、治安が向上するという実証的証拠を示せないことが多い（しかも、ご存じの通り、政治家と同様、彼らはあえて権限を撤回するようなことはない）。

二つ目は実証的なものではなく、規範的な議論であり、ましてや数量化し得る価値の問題では全くない。政治哲学者が価値判断抜きで、できる限り中立なものとして自由を定義しようとすると、不明確でしばしば奇妙なほどの非政治的結果がもたらされてしまう。仮に交通信号もなく最小限の交通規範しかない国家にいたとしたら、たぶん私には厳密に量的な意味での移動の自由はドイツにいるときよりもある。だが、その国家で言論の自由が極度に制限されている（何度か述べたように、この制限はデジタルカメラによって監視されている）場合、それは「自由な」共同体とはとうてい言えない（たとえ私が政治には全く関心を持たず、禁止されている主題に触れなかったとしてもである[38]）。

これだけではない。法学者のオリヴァー・レプシウスが述べているように、「適切な均衡」に関する多くの議論では、一連の細かく分節化された自由権が、安全を求めるごくありふれた一般的・集団的権利と並置されている[39]。前者は個人の国家に対する具体的防衛権である（また他人による侵害に対する防衛権でもある）。後者は理論的にはいかなる人にも降りかかり得る危険に関係している（それゆえレプシウスの言葉だと個々人の自由は社会的な留保の下に置かれている）。たとえば警察が、容疑の事実がないにもかかわらず国境から三〇キロメートルの場所で人を管理統制することが許されるならば、それは個人を非個人化することになる、とレプシウスは述べている。つまり、その人物は間違った場所にいるだけで、危険だとみなされるのである。

だが、このような議論をしたからといって、逆に説得力が増すわけではない。均衡のイメージは、全市民の安全保障を高めることが叶うならば、あらゆる自由権の制限は受け入れ可能な代償（あるいはトレードオフ）となり得ることを示唆している[40]。とはいえ、これはすでに疑いの目を向けられているマイノリティだけにしか影響を与えないことを見落としている[41]。たとえば、必ずしも誰もが盗聴されたり、路上で監視されるわけではなく、すでにムスリムとして認識される人びとのみが、全般的な嫌疑をかけられるのである。ここで恐怖のリベラリズムは、安全保障に有利なはずの決定が、いかに逆の結果を生み出すかということに気づかせてくれる。非の打ち所のない市民は何も恐れることはない、と思っている人々が、国家的あるいはまた非国家的行為者（アメリカ合衆国や東ヨーロッパの自称国境警備隊を思い浮かべて欲しい）による暴力を、しかも彼らが恣意的な手段を行使可能である点をどう感じているのかということは、知る由もない。

恐怖のリベラリズムは安全保障の名の下に、国家権力を強化する方向は指し示していない。むしろそれは自然権のリベラリズムの発想であり、具体的な自由を基本権として成文化し、それが侵害された場合には法的手段に訴えられる道を開く。これらの自由は安全保障といった一般的な憲法上の（あるいは正義のような理念的）価値の名において損なわれることはない。たとえ、正義や安全保障一般を国家の目標として定める（ホッブズ以来、実際に「安全保障」は常に「国家」の内に存在してきた）ことが正当だとしてもである。(42) したがって、そのような安全保障を求める個々人の権利は存在しない。(43)

つまり次のように言える。恐怖のリベラリズムは自由と安全の間の均衡や秤量といったわかりやすい考えを正当化するものではない。全くその逆である、と。

誤った一般化

本書はここまで、新興する反リベラルの主張に対して、それが哲学レベルであれ神学レベルであれ、直接答えようとしてはきたが、まだ回答は得られていない。それは反リベラルが（意識的か、あるいは無意識にかにかかわらず）多くの点を曖昧にしていることにも関係している。彼らの発言は、しばしば、裕福な両親が大学に子どもを不正入学させるのはリベラリズムのせいだといった直接的な因果関係に基づいた主張をする一方で、彼らが嫌悪するイデオロギーがなぜこれほど世界的成功を収めてきたのかについては、決して説明しない（リベラリズムは一種の宗教であり、しかも非常にうまく布教活動に成功したといった見解にせいぜい落ち着くだけで、なぜその伝道活動が非常にうまくいくのかという問いにはっきりと答えられないままなのである）。

新しい反リベラルの視点からすると、リベラルな秩序が揺らいでいるのは明らかなので、とどめを刺してしまおうというわけだ[44]。また、もう少し明らかになっているのは、リベラリズムはワンセットのパッケージであって、パーツで分けることはできないということだ（あるいは完璧な仕上がりの神学だとも言える）[45]。こうした評価を私は本書で問うてきたのである。

カール・シュミットに触発された批評家たちは、中立とされている国家が、実際には人生の理想像を押し付けてきたと主張するであろう。リベラルたちの中でこのことを理解せず、中立についての語りを真面目に受け止めてしまった人は、反リベラリズムに抵抗できず、また、このことを理解し、政治的混乱の中へ身を投じた人は、政治より上位に身を置くべきであるというリベラルの基本的考え方を放棄してしまった、とも述べている。だが、それは基本となる考え方ではない。自然権のリベラリズムは他のどの体制よりも多くの自由裁量の余地を認めている。少なくとも（宗教的義務のような）重要な理由がある場合には法律の例外を許しているからだ。だが、そのような自由裁量の余地を認める体制でさえも法律は必要である。これらの法律がくり返し民主的に新たに協議して決められているという事実が不確実性をもたらす。その不確実性に耐えなければならないのである（さらに、あまり多くの自由裁量の余地を台無しにする人びとが出てこないよう継続的に信頼をも示さなければならない）[46]。

これの代替案は、広い自由裁量の余地をきっちりと埋め、不確実性を確実なもので終わらせる、しかも「最高善」をもって終わらせることである。それが実際にどのような意味を持つのかは、今日、哲学的・神学的に最も洗練された反リベラルの一人が大事にしている引用句が明らかにしてくれる。それは一九世紀のものであり、権威主義的なカトリック、ルイ・ヴィヨーの言葉だと言われている。「リベラルが権力に就けば、我々は彼らに自由を要求する。というのもそれは彼らの主張する原則だからである。一方、我々が権力にある時には、リベラルには自由を与えるのは拒む。なぜなら、それが私たちの原則だからである[47]」。

到着地、ただし目的地ではない

リベラリズムは時代遅れなのか。廃れるべきは、偽りの方程式、偽りの対立、さらに誤った一般化を扱うリベラリズムについての議論である。本書では特に、時代の診断としての「人民」と「リベラルなコスモポリタン・エリート」の対立という物語が誤りを導くものであることを示そうと試みた（改めて強調しておくが、このことは、権力者であるエリートに関して批判するべき点が何もないことを意味しない）。加えて、コミュニタリアンとコスモポリタンとの間にはっきりとした対立軸があるわけではないことも明らかになったはずである。ポピュリズムの同調者で、自分たちこそが市民の懸念や困難を熟知していると喧伝する人びとは（数は少ないが、エリートへの同調者の一部も）、何かを疑問視しているときには特に、自らが思っている以上に物事を歪曲している。

私はこの本の中で、政治的議論の「脱文化化」を主張してきた（ここでもまた強調しておくが、このことは、文化が単に実際の対立の表面に漂う泡のようなものでしかないとか、あるいは政治的議論の対象にすべきではないという意味ではない）。物質的利害として大雑把に理解するのを許さないような対立を機械的に「文化」の問題に帰しても、混乱するだけである。これまで恐怖を感じて生きなければならなかったマイノリティに基本権を与えることは、文化の問題なのか。マイノリティの文化を保護することは、本当に文化の問題なのか、あるいはむしろ平等な処遇という原則の問題なのか。あるいは環境保護は、ここのところ主張されるように、本当に文化の問題なのか。

対立を常に文化闘争へと還元したがるのはポピュリストのリーダーたちである。そして彼らは最終的に、対立を真の帰属の問題へと還元してしまう。「誰が本当のドイツ人なのか」という問題は、しかし、多元的な共同体では無意味である。無意味でないのは自由や平等といった共通の原則――つまり憲法パトリオティズム――をくり返し想起させることであり、それをより包括的に実現できるよう闘うことである。同時にマイノリティがマジョリティ文化によって圧倒されたり、意図的に威圧されないように、待遇の平等など共有された原則の下に保護することである。

国家はマジョリティ文化を保護し、集団的帰属感を作り出すために存在するのではない。ところが今日では、国家がこれを怠っていると、反リベラルからの非難の対象になる。他の人びとにどう生き、自分の存在意義がどこにあるのかを一体なぜ彼らが指南するのかについては、よくわからない。同様に、リベラリズムがもたらしたという空虚を自分たちが満たしているなどということを、しかも他者に何かを強制するような手段によって満たしているなどということを、何をもって正当化できるのか。それはそうとして、反リベラル諸政党に投票する有権者たちの悩み、中でも自分たちの人生には意味がないと感じる苦しみを彼らが実際に持っているということを、まずは示すのが先だろう。しばしば、「普通の人びと」を信用できないと思っているのは「リベラルエリート」ではない。実は、彼らが自力では何もできないと考えているのは反リベラルの方なのである。

この著作の中でもう一つ関心を寄せてきたのは、多様な誤解に直面しているリベラルの政治思想史を少なくとも大まかに辿ることであった。その際、いくつかの典型的な弱点を指摘した。特に、ポスト革命現象としてのリベラリズムが、その昔から安定化を常に目指し、それへと到達するために脱政治化の戦略をとろうとする傾向があることを提示した。法治国家と市場が、潜在的に命取りになるような激情に制限を加え、あるいは激情を平和的経済競争へ向かわせると考えられていた。自由Liberalität の前近代的観念は寛容さ、自由自在に行動できる余地があることだと理解され、同様に政治的諸対立からその激しさを取り除くことが意図されていたのである。

こうしたことすべては、じつはそれほど非政治的ではなく、恣意にさらされた個人の保護と市場とは両立しない場合も多く、経済は必ずしも承認欲求を満たさない。こうしたことすべてがリベラリズムを、「偽善に満ち、一貫性がなく、反道徳的である」(マルクス)といった批判にさらしてきた。特に自由裁量の余地を残し妥協を許す試みは、日和見主義的で、徹底して辻褄が合わないと言われてきた。レイモンド・ゴイスのような「リアリスト」哲学者は、「ロック、J・S・ミルそしてアイザア・バーリンが作り上げた生ぬるくべたべたした水たまりだ」と言って顔をそむけるだろう(1)。

その代案として、私はジュディス・シュクラーに依拠しながら「下からのリベラリズム」を明らかにした。シュクラーの恐怖のリベラリズムは決して政治的綱領ではなかった。それは、傷つけられ、恐れを抱き、特に残虐な行為を受ける体験から生まれた、一種の感覚器のようなものを発想する営みだった。ここには、「何よりもすべてはほどほどに」といったモットーに従うわけではないにせよ、リベラリズムを純粋に節度の問題として扱ってしまう危険性もあった。だが実際に、シュクラーのリベラリズムはある特定の感性として理解（そして洗練）され得るものである。なぜならそれは、何を考えるべきなのかを指示するのではなく、何を熟慮するべきであったのかを示唆するだけだからである。そのリベラリズムは、まず被害者の声に耳を傾けるよう具体的に要求する。とはいえ、被害者が自らの体験を政治的にどう扱うかについて彼らに独占権を付与することはしない。さらに関係者から考察の余地を奪うようなシンプルな規範型を用意しているわけではない。

このようなアプローチは、シュクラーが自然権のリベラリズムと名付けたもので補われなくてはならない。それは初期のリベラリズムから主として立憲主義（民主制ではなく！）の一形態として知られてきた見方である。権利は個人を保護し、恐怖のない空間を開く。もちろん、自然権のリベラリズムを指し示すことですべてが解決するとも思えない。権利は法的に見ても論争の的であり、原則的に、権利の上でお互いに自由かつ対等だと認め合う市民の間には、正当な理由に基づいて意見の相違が生じ得る。だが彼らが双方ともに合意すべきなのは、行政府であれ、大企業であれ、組織の善処を信用してはならない点である。権力が集中したところに人がむき出しでさらされる事態には、独裁が生じる危険性が常に孕まれている。

自然権のリベラリズムと民主制を切り離すことができないのは、この理由ばかりからではない。政治的基本権なしでは民主制はありえず、民主制なしでは公正な方法で権利の組織化を議論する可能性は生まれない。民主制なしでは、権力者のなすがままである。彼らはたぶん法治国家であることの保証を、時折、恩着せがましく与えてはくるが、権力者が利益を手に入れようとする場合には、いつでもその保証を取りあげることができる。すなわち、条件付きの自由はまさに、シュクラーが「永遠のマイノリティ」と表現した人びとの恐怖の源泉なのである。

このようなマイノリティは、もちろん民主制のもとで生まれるマジョリティに対して恐れを抱くが、マイノリティにとって特に脅威なのは、マイノリティに恐れを抱くマジョリティである（グローバリゼーションに関する理論家アルジュン・アパデュライが「小集団に対する恐怖 fear of small numbers」と名づけたものを指す）[2]。そうした社会全体における恐怖の致命的スパイラルに関するシュクラーの指摘は、旧来のリベラルの、すなわち司法がとりわけ重要な保護機能を有するという発想の枠内にはとどまらない。恐怖のリベラリズムは、市民がマイノリティの苦しみに敏感になり、マイノリティが永遠にマイノリティではあっても、彼らに対して嫌悪感や偏見を持たないという考えに基づいている。これは純朴な望みだろうか？　ひょっとしたら、そうかもしれない。だが、オーウェルが「一般の良識」と名づけた日常生活における作法、あるいはシュクラーが用心深い国家市民として述べた点から引き出される主張でもある。マイノリティばかりかエリートに対しても文字通り「猟犬が放たれ」るようになるほど、暴力的になっている欧米社会の現今の様子を考えると、この「一般の良識」を要求するのは些細なことではない。かといってよい稼ぎをする人びとだけが享受できる道徳上の贅沢でもない。しかもそのような振る舞いは政治的に劣悪な時代（そうでなくとも残虐な行為が広く目に付き、「希望」が喫緊に必要とされるようなとき）だけではなく、一見平穏で、人びとが自己満足し、政治は明らかにもうたくさんだと思われる時代においても重要なのである[3]。

断固として倫理的要求を行なう人格的発展のリベラリズムも、やはり喫緊の課題である。そこにあるのは、個人主義文化の一形態または一つの生活スタイル（もしくはおそらく個人が試みるべきスタイル一式）とでも言えるような態度である。ここで改めて、二つのリベラリズムの間にある根本的な違いを強調しておきたい。すなわち、一方は倫理的（そして審美的）な意味でのリベラリズムであり、他方はより包括的な自然権のリベラリズムであるということである。前者は可能な限り大きな個人の自己発展というポストロマン主義的理想を旗印としており、後者は、特定の生活様式を他より高く価値づけることなしに（つまり、多様な状況において、人格的発展に専心して生きることだけが真の成功なのだと主張することなく）、あらゆる市民が自立的生活を送ることができる前提を確保しようとするものである。

リベラルな包摂という倫理的命令は必ずしも民主制の擁護と同義ではなかった。広義ではもちろん、だが特に狭義においてもリベラルは、全くの無条件での選挙権付与によって人民が選挙に参加するという思想とは、長いこと折り合いが悪かった。この不信感は進歩信仰の言説を通じて緩和された。進歩の物語によれば、人民が十分に教養を付け、財産を得て、あるいは何らかの「能力」を持てば、誰でもいつかは適切に選挙に参加できるようになる。リベラル帝国主義者も同じような期待を有していた。すなわち遠い将来には、今はまだ子どもの諸民族 Völker が自己発展や政治的自決ができるほど成熟してくれるだろうと考えていたのである。そのようなエリート的態度の痕跡は現在でも容易に感じ取れるだろう。

だからといって、今日の論争が、非リベラル民主制と非民主的リベラリズムの対立としてとりわけ適切に表現できるかと言えば、そうではない。現代において「非リベラル民主制」として正当化戦略の国際市場で売り出されているのは、非リベラルであるばかりではなく、非民主的でもあるのだ。他方で、テクノクラシーのあらゆる形態がいかなる意味をもってしてもリベラルであるとは言えない。「非リベラル民主制」対「非民主的リベラリズム」という対比は、概念としてはすばらしく公正だという印象を与えるが、現実に即してみれば、しばしば間違いであることがわかる。

リベラルは国家を最も重要な包摂の手段として扱ってきたが、しかしまた国家は潜在的に強力な抑圧者ともなり得る。「恐怖のリベラリズム」を擁護する人たちは恐怖の中で生きる人間たちからなる社会を恐れるが、それにはもっともな理由があった。彼らの目には、国家は最も明白な恐怖の源泉として立ち現れていたのである。だが、この立場から二一世紀のための「教訓」を的確に引き出すことは難しい。確かに、政府が直接引き起こす残虐行為は未だに存在する。また、今日の中国で完成されつつある高度な技術を駆使する監視独裁主義を、全体主義的という言葉と結びつけて考えるのもあながち間違ってはいないであろう。だが、今日の多くの恐怖の形は、主として非国家主体によって作り出される依存関係と関連している。ネオリベラリズムの規律論理に染まった企業による「私政府」が一種の恐怖を呼び起こしているのである。強力な市場と寡頭制のレンティア資本主義*からの挑戦に、恐怖のリベラリズムは応えることができる。ただし、現代における特殊性を理解しようとする努力を惜しまなければ、という条件付きではある。

＊ 一部の富裕層や大企業が政治と市場の力によって利潤を搾取する資本主義のこと。レンティア国家、つまり天然資源物からの収入など非稼得性の収入から国家に直接流入する利益に依存する国家に模した資本主義を指す。

謝辞

本著作は冷戦期のリベラリズムに関する広範な予備的研究に部分的に基づいている。その際に御協力いただいたセルジュ・オーディエ、ジャン＝クロード・カサノヴァ、ジーン・フラウド（†）、マイケル・フリーデン、ヘンリー・ハーディ、ピエール・アスネール（†）、マーク・リラ、ポール・マニエット、ピエール・マナン、そしてアラン・ライアンに感謝したい。レイモン・アロン・センターでの私の調査はDAAD（ドイツ学術交流会）の支援を受けており、パリのDAADのスタッフには特にお世話になった。エリザベト・デュタルトル＝ミショーはレイモン・アロン・アーカイブで、EHESS（社会科学高等研究院）への照会の際にいろいろとお手伝いいただいた。大変感謝している。トニー・ジャットはその生涯の終わりに、ある種の「恐怖の社会民主制」を提唱した。彼からの刺激と政治についての彼の解釈と描き方にこの著作は多くを負っている。

原稿の一部についてはフベルトゥス・ブロイアー、カースティン・フィッシャー、アンナ＝ベッティーナ・カイザー、サム・モイン、そしてとりわけハイドルン・ミュラーからコメントを頂いた。とても感謝している。ゲイリー・バス、アンドレアス・ヘス、そしてジョージ・ケイティブはジュディス・シュクラーについて重要な示唆を与えてくれた。ハーネス・バヨールは特筆に値する。シュクラーの章を執筆するにあたっては、彼のシュクラー思想へのコメント、さらにシュクラーの著作のドイツ語版の訳者・編者としての仕事に、大いに助けられた。そのおかげでシュクラーのリベラリズムに関してだけではなく、全く新しいパースペクティヴを開くことができた。

いつもながら、リベラリズムについての私の考察に熱心に、そして懐疑をもって伴走してくれたエリカ・A・キスには多くを負っている。アンドレー、マルコ、そしてソフィーは最も難しい、つまり最上の疑問をぶつけてくれた。

ハインリヒ・ガイゼルベルガーには改めて深く感謝の意を捧げる。丁寧に草稿を読み、冷静な判断力をもってテーゼと取り組んでくれたばかりではなく、著者が期待するよりもずっとずっとずっと辛抱強く付き合ってくれた。

この著作の中で示した考察の一部は、次の私の文章にすでに記したものである。Beschädigte Demokratie, in: *Frankfurter Allgemeine Zeitung* (24. September, 2018); Liberale gegen Populisten?, in: *Merkur* 6/841 (Juni 2019), 5-15.

最後に、私の仕事を多様な方法で支援してくれたプリンストン大学政治学部とヒューマン・バリュー・センターに感謝したい。

二〇一九年七月四日　ベイルートにて

恐怖のリベラリズム

ジュディス・シュクラー

リベラリズムの特有な形態がいかなるものであれ、それを分析しようとするのであれば、間違いなくその言葉が何を意味するのかをできる限り明瞭にしておかなくてはならない。というのは、イデオロギー対立が長期間にわたって続いたことで、その言葉の拠って立つところが完全に失われてしまったかに思えるからである。その言葉を使い過ぎ、意味がひどく広げられたため、リベラリズムは非常に曖昧なものとなり、悪口であろうが称賛であろうが、あらゆる目的に役立つ言葉として今や使うことが可能である。このような混乱状態を少しばかり整理するために、リベラリズムは一つの政治的教義であると述べることから始めてもよいだろう。リベラリズムは様々な形態をした啓示宗教やその他の包括的「世界観」によって伝統的に提供されてきた生の哲学を指すのではない。リベラリズムには、個人がその自由を行使するのに必要な政治的条件を保障するという、唯一の最も重要な目標がある。

いかなる成人も、他の成人が持つ同じ自由と両立可能である限り、恐怖や恩典なしに自分の人生の多様な局面についてできる限り多く事実上の決定ができなくてはならない。この信念がリベラリズムの原義であり、唯一擁護可能な意味である。それは政治的概念なのである。というのも自由を常に妨げてきた恐怖や恩典は、それが公式なものであれ非公式のものであれ、圧倒的に政府によって生み出されてきたからである。もちろん、社会的抑圧の源は数限りなく実在するが、そのどれもが、物理的権力と言語《せっとく》の権力を行使するための資源をいかようにでも利用できる近代国家のエージェントからの致命的な効果には、遠く及ばない。

他人の自由への干渉を禁止することはさておき、リベラリズムは人が自分の人生をいかに生きるべきか、あるいはどのような個人的選択を行なうべきかについては、積極的な教義は何も持っていない。多くの批評家が述べているのとは異なり、（リベラリズムは）近代と同義であるわけでもない。近代は水晶のようにクリアな歴史概念ではない。一般的に言ってそれはルネサンス以降に生じたすべてを単に指しているのではなく、自然科学、技術、産業化、懐疑主義、宗教的正説の喪失、脱魔術化、ニヒリズム、そして原子論的個人主義が織り交ぜになったものを指している。これでも決して完全にリストアップできたわけではないが、この言葉が絶望の世紀を表し、リベラリズムがその最も特徴的な政治的発現であると思う人びとが認めているような近代の主要な特徴はカヴァーしている。

総じてこの種の議論における歴史叙述の質や事実の妥当性に関与する必要は決してないが、政治理論を研究する者として少なくとも指摘しておかなければならないことが一つある。それは過去二〇〇年あまりの間、ヨーロッパ世界が地球上で人が居住した唯一の場所ではないことを思い起こす際にはとりわけ、リベラリズムが理論においても実践においても非常に稀な存在だったということである。誰も、いかなるときでも、東ヨーロッパの諸政府をリベラルであったと言うことはできないだろう。もちろん、第二次世界大戦後にはその方向でわずかな努力をしたいくつかの政府があったとは言えるのであるが。中央ヨーロッパにおいてはようやく第二次世界大戦後になってはじめてリベラリズムが制度化されたのであり、それは、危ういことに我々が忘却しつつあるあの戦争で勝った者たちから押し付けられたのだった。どのような形のものも、およそファシズムはみな死んでしまった、あるいは去ってしまったと思う人は、もう一度考えてみるべきである。フランスではリベラリズムは三つの共和制下でちらちらと明滅してきたが、ようやく最近になってそこそこは安定してきたものの、いまだに深刻な挑戦を受けている。英国では、リベラリズムは最も長く政治的成功を享受してきたが、最近まで英国が支配していたアイルランドをはじめとする広大な領域においては、そうではなかった。そして最後に忘れてはならないのは、アメリカ合衆国は南北戦争後に至るまでリベラル国家ではなく、それからもしばしば名前だけのものでしかなかったということである。手短に言うと、リベラルな時代と述べるにしても、それは実際に生じたことを何も指してはいないのである。おそらく、一九一四年以降に生じたことと比較するのであれば別であるが。

政治思想の方も統治政府のそれと同様リベラルでなかった――特にフランス革命後の年月においては。そして、ジョン・ポーコックが私たちに強く思い出させてくれる革命前の根っからの非リベラルな共和制的伝統を忘れるべきではない。いずれにせよ、一九世紀の政治観念における闘争の中心であったカトリックの権威主義、ロマン派によるコーポラティズムへのノスタルジア、ナショナリズム、人種主義、奴隷制擁護、社会ダーウィニズム、帝国主義、軍国主義、ファシズム、そしてほとんどの社会主義の型の中に、リベラル・イデオロギーの広大な流れを見いだすのは難しい。その世紀を通じてリベラル思想の潮流はあったが、知識人の声として優勢だったとは言えず、ヨーロッパ以外ではまったく聞かれなかった。その声がアメリカ合衆国で強力だったとしても、それは黒人が社会の構成員と見なされていなかった場合にすぎない。

では、過去数世紀にわたるインテレクチュアル・ヒストリーが現実には複雑であるのに、近代とそれを体現しているると見なされているリベラリズムについて、なぜこれほど単純な一般化が行なわれているのだろうか。理由はいたってシンプルで、リベラリズムの起源が宗教改革後のヨーロッパにあるため、リベラリズムは新参者だからである。リベラリズムの始まりは、キリスト教内にあったすさまじい緊張、すなわち宗教的正説の要求と慈善の要求との間、そして信仰と道徳の間の張り詰めた状況にあった。宗教戦争がもたらした非常に残忍な行為は、多くのキリスト教徒たちを教会の公共政策から離反させ、寛容をキリスト教的慈善の一つの表現であると見なす道徳のほうに向けさせる結果を招いた。たとえば、カルバン派のセバスチャン・カステリオを考えてみるとよい[1]。他の人びとは相反する精神的衝動に引き裂かれて、残忍さと狂信を人間の悪徳の最たるものだと見なす懐疑主義者となった。その中で最も有名なのがモンテーニュである。聖なる良心の担い手であるか、残忍さの潜在的な犠牲者であるかを問わず、いずれの場合も、個人は公的抑圧の侵入から護られなくてはならないとされた。

後になって良心と神との間の絆が断ち切られても、信仰、知識、そして道徳といった事柄について各人が行なう決定の不可侵性は、人は相互に尊重しあうという古くからの了解の下で護られていた。同様に強制された信仰はそれ自体が誤りであり、服従を強制するために用いられた脅迫や賄賂は本来的に品格を貶めるものであるといった了解も、そこに付け加えることができる。人生における最も重要な事柄——宗教上の信仰——について、公権力から干渉を受けずに個人が自身で決定しなければならないと主張することは、リベラリズムへのかなり大きな前進となった。それがリベラリズムの歴史的発展の核だとは思うが、しかし、信念に基づく寛容が政治的リベラリズムと同等だと考えるのは間違いであろう。小さな責任政府*は個人による自立要求の内に暗に含まれるのかもしれない。だが、そのような制度に対する明白な政治的関与なしでは、リベラリズムはまだ教義としては不完全である。モンテーニュは確かに寛容であり、人道主義者であったが、決してリベラルではなかった。それゆえ彼とロックの間には大きな隔たりがある。それにもかかわらず、もとよりリベラリズムの最奥の基礎は、最初期の寛容の護り手たちが恐怖の中で得た確信、残忍な行為は絶対悪であり、神や人類への攻撃であるという確信にある。政治的な意味での恐怖のリベラリズムは、こうした伝統の中から生まれた。だから私たちの時代のテロルにおいて、これに言及し続ける価値があるのである。(2)

もちろん、プロテスタント型かカント型かを問わず、良心を最優先することにこだわり続けたリベラリズムには多くのタイプがある。ジェファーソン流の権利のリベラリズムもあり、それは別の土台を持っている。また、エマーソン流の自己発達のための探究も独自のリベラルな政治的表現を有している。リベラリズムは原則として、宗教的あるいは哲学的に特定の思想諸体系に依拠する必要はないのであり、寛容を拒絶しない限りにおいてそれらの中からどれかを選ぶ必要もない。そこにホッブズがリベラリズムの父ではない理由がある。公権力には、公権力が市民に相応しいと見なす信仰や語彙を押しつける無制限の権利がある、とするような理論は、リベラリズムからはほど遠い。リベラリズ

＊ 政府が市場への介入を減らし、政府の事業を民間の諸活動に委ねようとする自由主義時代の、「小さな政府」と、議院内閣制の土台となった英国の制度「責任政府」を併せたものを指す。

ムに対する反論の中でもっとも奇想天外なのは、リベラルは個人の自由に対してあからさまに敵対はしないにしても、実際には無関心なのだというものである。このようなことは、『リヴァイアサン』をリベラル哲学のまさに原型として、奇妙にも同一視するところから導き出されているのかもしれない。しかし、このことは、どれほど権威主義的な意図があろうとも、社会契約論であればどれでも、カトリックへの反論であればどれでも、リベラリズムになる、と単純に請け合うだけのまことにお粗末な誤解である。(3)

リベラリズムの起源を絶対主義理論に見いだそうとするのをやめない複雑なその系譜学は、それ自体愉快なものではない。もっとありふれているのは、伝統的な啓示宗教にとっての脅威を寛容の中に察知し、そこからリベラリズムは必然的に無神論的、不可知論的、相対主義的、ニヒリスティックであると想定してしまう一種の観念上の自由連想である。これら一連の非難のカタログは言及しておくのに値する。なぜならそれらは一般によく知られているものであり、反論が容易で、かつそうすることが有益だからである。そもそもの間違いは心理的な類似性を論理的結果から区分できていないことにある。その結果、このように批判する人々は、厳密な意味における政治理論としての恐怖のリベラリズムが、いかなる宗教的教義や科学的教義とも必然的には結び付いていない点を把握できない。たとえ心理的にはある教義よりも別の教義の方がしっくりくるにしても、である。恐怖のリベラリズムが拒絶しなければならないのは、私的領域と公的領域の間にあるいかなる相違も認識しない政治的教義だけである。寛容を最優先するにあたっては、役人に対するこれ以上は減ずることのできない制約として、リベラルは常にそのような境界線を引かなければならない。この境界線は歴史的に見て恒久的なものではなく、変更不可能なものでもない。だが、いかなる公共政策もこの区分を念頭に置いて検討され、その最も厳しい現在の基準が意識的に満たされる必要がある。

リベラリズムにとって重要な点は、その境界線がどこに引かれるかではなく、それが引かれるべきであり、いかなる状況においても無視されたり、忘れ去られてはならないということである。圧制に課される制限は私的領域への侵入を禁止するところから始まるが、そこで終わるわけではない。私的領域はもともと宗教上の信仰に関する領域である。技術や軍事における政府の性格および生産諸関係が変化するのに応じて信仰の対象やプライヴァシーの感覚も変わり、それを受けてこの私的領域も変化し、また変化し続けるだろう。その線は揺れ動くものだが、消去できるものではない。またこの境界線のおかげで、リベラルは極めて大きな範囲にわたる哲学的・宗教的信念を自由に支持することができるのである。

恐怖のリベラリズムはこのように、必ずしも懐疑主義や自然科学の探究に結び付いているわけではない。しかし、実際にはそれらには心理的なつながりがある。懐疑主義は寛容の方に傾きがちである。というのも懐疑主義は常に疑いを抱いており、たいていはすさまじい勢いで巻き起こり互いに競合する信念の中から、どれかを選ぶことができないからである。懐疑論者が引きこもって心の平穏を求めるにしても、あるいは身の回りで行なわれている派閥争いをなだめようとするにしても、あたりに広がる狂信主義と独断主義の程度を上げないようにする政府を好むに違いない。その限りにおいてリベラルと懐疑論者の間には自然な親和性がある。マディソンが『ザ・フェデラリスト』で述べている、分派・同派間の対立を自由を通じていかにして終わりにするかの議論は、懐疑主義とリベラル政治が合致する好例である。(4) それにもかかわらず、特定の信仰を広めるために政府諸機関を利用しない選択をするような信仰者からなる社会も想像可能だが、それは滅多に見られない。

懐疑主義の知的柔軟性は心理面においてはリベラリズムとより適合的であるが、リベラル政治に必要な要素ではない。極端に抑圧的な懐疑論者によって統治された社会は、たとえばニーチェの政治的観念に精力的に従うのであれば、容易に想像可能である。このことは自然諸科学についても当てはまる。自然科学は自由のうちに最も繁栄するものだが、科学に好意的な独裁政権を想像するのも不可能ではない。この点において芸術作品や文学とは全く異なっている。理念として自然科学に必要とされる批判精神はもちろんのこと、公開性や高い水準のエヴィデンスは、科学を内面から支える生命とリベラル政治の間には心理的結びつきがあることを改めて示唆しているだろう。しかし、これは必然的にそうであるわけではなく、ましてやそれが普通であるわけでもない。事実、非リベラルな科学者は大勢いる。科学とリベラリズムがともに宗教からの攻撃を非常に恐れなくてはならなかった初期においても、両者間の同盟は便宜的なものであった。検閲と迫害という共通の敵がいなくなるにつれ、一致していた双方の身構えは薄れていった。科学とリベラリズムは同時に誕生したわけではなく、前者の方がはるかに年上である。だが、何ものも、この二つの間にある重要な違いを消し去ることはできない。自然科学は変化を起こすのを常とするが、リベラリズムは伝統について特定の見方をする必要はない。

ヨーロッパの過去が自由に対して全く敵対的で、インド・ヨーロッパの最古の伝統がカースト制である限り、リベラルは特定の伝統を拒絶するに違いない。人間を祈る人、戦う人、そして働く人へと三分割する旧い方式をいまだに留めている社会はリベラルではあり得ない[5]。しかしながら、いくつかの伝統に、それどころかほとんどの伝統に背を向けるからといって、知的誠実さの現れとしてあらゆる伝統を慎まなければならないことを意味するわけではない。リベラリズムは、自らの熱望に敵対しない伝統の中からどれかを選ぶ必要はなく、また単に合理的証明という科学の基準に合致していないという理由でどの伝統をも本質的に誤っていると見なす必要もない。すべて伝統の内容と傾向にかかっているのである。明らかに、代議制による統治には英国とアメリカ合衆国の伝統がしみこんでいる。ヴォランティア精神を発揮する習慣は多様な伝統に依拠している。これらの伝統は間違いなくリベラリズムと相性がよいだけに留まらない。

恐怖のリベラリズムの見せる知的謙虚さは、内実を欠いていることの印ではない。それはただ非ユートピア的なのである。その点において恐怖のリベラリズムは、エマーソンが言うところの、希望の党であるよりも記憶の党であると言ってよい[6]。そして事実、これに関しては恐怖のリベラリズムとは明確に異なる別のタイプのリベラリズムがある。まず、自然権のリベラリズムがある。それは予め確立された理念的な規範秩序――それが自然のものであれ、神のものであれ――を常に満たすよう期待するものであり、その秩序原理は公的な保証を通じて個々の市民の人生において実現されなければならないとするものである。私たちが私たち自身を維持するのは神の意志によるが、私たちの生命、自由、財産、そしてこれらに関するすべてのものが保護されているかどうか気を配るのは、私たち自身と社会の義務である。この目的のために私たちは保護を行なう公的機関を設立する義務を負い、また、それら公的機関に各人が権利の請求を行なえる機会を提供するよう要求できる権利を有している。

権利というものを真剣に受け止めるのであれば、『独立宣言』のような原理が私たちの公共生活のあらゆる局面において効力を発揮できるよう注意しなければならない。政府諸機関が唯一の重要な機能を持つのだとしたら、それは諸個人の権利が実現されるよう配慮することである。なぜなら、神のあるいは自然の被造物としての我々の全一性がそれを要求しているからである。考え得る限り完全な社会、あるいは最も好ましい社会があるとしたら、それは、権利を要求する個人だけからなるものだと言い切れるかもしれない。したがって、いかなる場合においても自然権のリベラリズムは、政治というものを、法的に保障された市民各人の目的をより高次の法に従いながら積極的に追求する市民に関わる事柄だと見なすことになる。政治のパラダイム〔認識の枠組〕を構成するのはこの場合法廷となる。そこでは個人としての市民がお互いに、そして政府やその他の社会的に有力な諸機関に対してなす要求が最大限満たされるように、公正なルールが作られ公正な決定が行なわれる。自然権のリベラリズムは、それぞれが自分や他人のために立ち上がる能力と意志を有し、政治的にしっかりした考えを持つ市民からなる社会を思い描いているのである。

同じく希望を託されているのが人格的発展のリベラリズムである。それは自由は、社会的発展ばかりでなく個人の成長にも必要なものだと主張する。私たちが自分の潜在的可能性を最大限に利用するには、そうするための自由がなければならない。また私たちが自らの行動方針を選択する機会がなければ道徳はあり得ない。さらに私たちの心が話されたことを自由に受け入れたり拒否したりできず、非常に様々な対立意見を自由に読んだり聞いたりすることができなければ、教育から利益を得ることはできない。道徳と知識は自由で開かれた社会でのみ発展可能なのである。ゆくゆくは教育機関が政治や統治に取って代わると望んでもよい理由さえある。これら二つの形のリベラリズムはロックとジョン・スチュアート・ミルをそれぞれ代弁者としていると言っても不当ではないだろうし、それらは言うまでもなくリベラル教義の完璧に純粋な表現なのである。だが、この二人のリベラリズム守護聖人はどちらも著しく発展した歴史的記憶を有していないと言わねばならない。そして、恐怖のリベラリズムが最も深く依拠しているのが、まさに人間精神のこのような〔歴史を記憶するという〕能力なのである。

現在においてもっとも直近にある記憶は、一九一四年以降の世界史である。ヨーロッパと北アメリカでは、徐々に拷問が政務から取り除かれ、あらゆるところで次第にそれが消滅するだろうと期待されていた。だが、戦争開始とともに急速に発達したナショナルな戦争国家が諜報活動と忠誠を必要としたことで、拷問が復活し、これまでにないほどの規模で広がった。(7)「もう二度と行ないません」と私たちは言うのだが、まさに今どこかで誰かが拷問を受けている。そしてふたたび切迫した恐怖が社会統制の最も一般的な形態になってきた。さらに現代の戦争がもたらす恐怖も忘れずに付け加えられなければならない。恐怖のリベラリズムは、これらの否定しがたい現実に対する応答であるため、被害を最小限に抑える被害対策に専念する。

厳然として存在する力が不均衡であり、かつそれが不可避であることを鑑みれば、軍事力、警察力、説得力を掌握する統治権力については恐れるべき事柄が数多ある。そこから、人は自由の恵みを寿《ことほ》ぐより、自由を脅かす専制や戦争の危険を考えなくてはならないと思うだろう。このリベラリズムにとって政治生活における基本単位は、議論を行ない反省する人びとでも、友でも敵でもなく、愛国的な兵士・市民でも精力的な訴訟当事者でもなく、弱者と強者である。そしてリベラリズムが確保したいと望むのは、強者と弱者の相違がもたらす権力の乱用や無防備な者への威嚇から免れる自由である。こうした理解と混同してはならないのは、全体主義の概念だけに固執する執拗なイデオロギーである。それは制度化された暴力の極端な形だけに向いているのであり、それほど残忍ではない暴力については関心を持たないと暗示しているに等しい。

恐怖のリベラリズムは逆に、いかなる体制の公権力の濫用に対しても等しく恐れを抱く。それは政府のあらゆるレベルにおける役人の行き過ぎを憂慮し、これらの行為が貧者や弱者に最も大きな重荷となりがちであることを想定している。貧者の歴史を、様々なエリートの歴史と比較すれば、この点は十分明らかになる。これは、政治史をひもとけばどの頁においても十分に裏付けられる想定なのだが、政府の役人の中には、何の妨げもなければ、大なり小なり不法かつ残忍に振る舞う人びとがたいてい存在することを示している。

このような考察によって着想を得たリベラリズムは、アイザイア・バーリンの消極的自由と似ているが、全く同じではない。バーリンの「強制されない」という意味での消極的自由と後のヴァージョンである「開かれた扉」は、概念的に純粋に保たれ、「自由の条件」、つまり個人の自由を可能にする社会的・政治的諸制度からは切り離されている。これは、消極的自由をバーリンが言う「積極的自由」、つまり低次の自己から高次の自己を解放する自由とをはっきりと区別するためには必要不可欠である。さらに、このようにして消極的自由を鮮明に区分けすることが、その恐るべき対極へと私たちを導いてしまう負の連鎖を回避する最善の手段であることは否定できない。

それにもかかわらず、消極的自由と、少なくともそれを可能にするのに必要な条件とを切り離さずにおくべき点についてはいろいろと言っておくことがある。権力行使に制限を課された政府と不均等に分割された政治権力の統制が、政治的に組織されたいかなる社会においても自由が想像可能になる最低限の条件をなす。それは十分条件ではないが、必要な前提である。公的にも私的にも権力による威圧行為が広がっている政治秩序においては、いかなる扉も開かれない。これを避けるためには複雑な制度体系が必要なのである。消極的自由が何らかの政治的意味を持つのであれば、この自由は、相対的に自由な体制の制度的特徴の少なくとも一部を具体化しなければならない。これを社会的に言えば、政治的に力を持つ集団の間で権力が分散されていること、つまり、それは多元主義を意味していることを含意する。また、手短に言うと、人々を抑圧的な慣行にさらすような社会的不平等を、その形態や程度のいかんに関わらず除去することも意味している。そうでなければ、「開かれた扉」は隠喩となり、政治的にはあまり示唆を与えてくれないだろう。

加えて言えば、バーリンの消極的自由が依拠する道徳論を受け入れる特別な理由はない。この道徳論は、本質的に相容れないいくつかの道徳というものがあり、その中から私たちはどれかを選ばなければならないが、それらの道徳は共通する一つの基準を参照するだけでは折り合いが付かない——異教とキリスト教がその最も顕著な例である——という信念である。[8] この哲学的政治的（metapolitical）な想定の真偽がどうであれ、リベラリズムはそれなしですませることができる。恐怖のリベラリズムは実際に道徳的多元主義の理論に依拠してはいない。このリベラリズムは政治的主体であれば誰もが目指すべき「最高善」を提供しないが、「最高悪」から出発しているのは確かである。「最高悪」とは私たちがみな知っており、できることなら避けたいと願う悪のことである。その悪とは残酷さであり、この残酷さが呼び起こす恐怖、そして恐怖そのものに対する恐怖である。その限りにおいて恐怖のリベラリズムは、歴史的に常にそうであったように、一つの普遍的な要求、とりわけコスモポリタン的な要求を掲げている。

ここで言う残酷さが意味しているものは何か。それはより強い者が、有形であれ無形であれ、自らの目的を達成するためにより弱い者や集団に対して、肉体的にそして二次的には精神的に苦痛を意図的に与えることである。それはサディズムではない。もっとも、サディスティックな人間は、自らの衝動を満たすことができるような権力の座に就くために群がるかもしれないのだが。しかし、公的な残酷さはときおり見られる個人的な嗜好ではない。その残酷さは公共圏における権力の不均衡によって生じるものであり、あらゆる統治政府がその本来的な機能を果たすために依拠しなければならない強制の体系に、必ずと言っていいほど組み込まれているものである。どのような法体系の中にも最小限の恐怖はつきものであり、恐怖のリベラリズムは、公的な強制的統治政府の終焉を夢見るものではない。恐怖のリベラリズムがなんとしても阻止したいのは、恣意的で、予期せざる、不必要な、そして認可なしの実力行使によって生み出される恐怖であり、またどの体制にもある軍隊、準軍事組織、そして警察によってなされる、常習的で広範囲にわたる残虐行為や拷問から引き起こされる恐怖である。

恐怖に関して無条件で言えるのは、それが生理的なものであるばかりではなく、普遍的なものだということである。それは身体的反応であると同時に心理的反応でもあるため、人間だけではなく動物にも共通する。生きることは恐れることである。そして多くの場合、警戒することで私たちは危険から身を守ることができる。そのため、恐怖は私たちを大いに助けてくれていると言える。私たちが恐れる恐怖とは、他人が私たちを殺したり、暴行するために与えられる苦痛であり、苦痛を避けられるよう警告してくれる、自然の、そして健全な恐怖ではない。さらに、政治的に考えるならば、私たちは私たち自身のために恐れるばかりではなく、同胞市民のためにも恐れる。つまり、恐怖に怯える人びとからなる社会を私たちは恐れているのである。

予め計画された恐怖は自由を不可能にする条件であり、この恐怖はまさしく制度化された残虐さを予期することで引き起こされる。しかし、私が「残酷さを最初に考えること」と呼んだものは、政治的リベラリズムの土台としては十分ではないと言ってよい。それはあくまでも最初の原理であり、十分な観察に基づく道徳的直観のなせる業に過ぎない。とはいえリベラリズムは、とりわけ現在ではこの原理の上に構築され得るのである。組織的な残虐行為に対する恐怖は遍く存在するため、その禁止を礎にした道徳的要求は即時に訴える力を有し、議論を尽くさずとも認知され得る。だが、このような自然主義的誤謬に甘んじるわけにはいかない。リベラルが残虐さを最大の悪として取りあげることができるのは、ほとんどの人がその残虐行為を恐れ、できるならばそれから逃れたいと願うに十分な根拠のある前提の、その先に進む場合だけである。残虐行為の禁止が普遍化され、個人の尊厳に必要な条件として承認され得るのであれば、それは政治道徳の原理となり得る。同じことは、残虐行為の禁止が大多数の人間にとって周知のニーズや欲求を満たす上で有益かどうかを彼らに問うことでも達成され得るであろう。カント主義者や功利主義者はこれらの試問のうちどちらかを受け容れることはできるだろうが、リベラリズムは両者のうちからどちらかを選ぶ必要はない。

リベラリズムが要請するのは、残忍さおよび恐怖という悪を政治的実践と指示命令の基本的な規範にするという可能性である。残酷さを避けるという規則のなかで唯一の例外は、より大きな残虐さを防止することである。それゆえ、どの政府も刑罰という威嚇を用いなければならない。とはいえ、リベラリズムはこれを避け難い悪と見なしており、法の執行に必要とされる最小限の恐怖に恣意性が加わらないよう刑罰の範囲を限定し、法的に強制された公正さのルールによって修正すべきものだと考えている。このような定式化がカントの法哲学に負っているのは明らかだが、恐怖のリベラリズムはカントやその他の道徳哲学に全面的に依拠しているわけではない。(9) このリベラリズムはそれどころか折衷主義的であり続けざるを得ないのである。

恐怖のリベラリズムがロックに負っていることも明らかである。すなわち殺害し、傷つけ、教化し、戦争を行なう圧倒的な権力を持つこの世の政府は、無条件に信頼されてはならず(「ライオン」)、政府の役人へのいかなる信頼も、深い疑念の上に堅固に築かれなければならないということである。ロックは公開性、熟議、公正な手続きの要請を尊重しつつ公共政策や決定事項を立案・実施することができないような、弱い政府を支持したわけではないし、ロックの後継者たちもそれを支持すべきではないであろう。恐れられるべきは、役人あるいはその代理人たちによってなされる法の枠を超えた、秘密で、権限のない一切の行為である。そのような行為を避けるために政治権力の絶え間ない分割とさらにその下位区分化が必要とされる。このような観点からすると、任意団体〔自発的結社・協会〕の重要性は、その構成員の協働活動への参加から得られる満足感にあるのではなく、別の団体——任意団体であるか政府系団体であるかを問わず――に組織された主体の主張を抑制し、少なくとも修正させることのできる社会的権力と影響力のある重要な単位となる能力にある。

公的なものと私的なものとの分離は、すでに述べたように、明らかに永続性のあるものとは言いがたい。恐怖のリベラリズムが、法人企業のような基本的に公と見なされる組織が有する権力を無視しないのは確かだが、同様に私たちもその権力を無視しない場合は、とりわけそれが当てはまる。というのもこれらの組織はその性質や権力をすべて法律に負っているからであり、公的でないのは名目上のことに過ぎない。こういった法人企業を地方の小さな自営業者と同じように考えるのは真面目な社会的言説には値しない。だがそれにもかかわらず、次のことを肝に銘じておくべきであろう。すなわち、私たちが多くの場合、財産を私的なものとして語るのは、それが公の秩序や法の問題として、所有者個人の裁量に委ねられることが意図されているからであり、さらに言えば、それは個人の自立性を確保するばかりではなく、政府の広範囲にわたる権力を制限し、社会的権力を分散させる上で不可欠の優れた方法だからである。法的に保障された財産所有ほど個人にとって大きな社会的資源を与えるものはない。だが、財産所有はそもそも法の創造物であり、また権力の分散という公的な目的に資するものである以上、無制限ではありえないのである。

強制の手段が手近なところにある場合、それが主として雇用、給与、解雇、価格決定といった経済的権力の行使であれ、様々な形で示される軍事力の行使であれ、役人であるか否かにかかわらず、どの行為者に対しても他人を脅かすことがないよう見張ることがリベラルな市民の仕事である――もちろん、十分に理解され受け入れられている法的手続きを用いる場合は別であるが。しかも、そうした場合であっても、強制力を行使する者は常に守勢に立つべきであり、強制力の行使は、個人の犯罪者がもたらすより過酷な残虐行為や恐怖という脅迫に対する応答としてのみ説明可能で、釣り合いのとれた、必要不可欠な範囲に限定されるべきである。

恐怖のリベラリズムは予測可能な悪を回避することに焦点をあてているため徹底して帰結主義的であると思われるかもしれない。政治的実践の指針としてはその通りだが、このリベラリズムは、一般的な倫理上の指示を提供するような傾向を是非とも避けなければならない。どのような形のリベラリズムも市民に幸福を追求するよう指示したり、あるいは幸福という捉えどころのない状態を定義せよと言う権利もない。たとえば義務や救済のためであれ、あるいは受け身の結果としてであれ、幸福を追求するも拒絶するも、私たち一人一人の問題なのである。リベラリズムは、政治および権力の潜在的濫用者を押さえ込む提案に自らの活動を限定しなければならない。そうすることで、成人の男女の肩から恐怖と恩典という重荷をおろし、他人が同じようにするのを妨げない限り、彼ら自身の信念と選好に従って彼らが自分の人生を歩むことができるようになるのである。

恐怖のリベラリズムにはよく知られたいくつかの反論がある。その一つが〔このリベラリズムを〕「還元主義」だとするものだが、それはこのリベラリズムが道徳上あるいはイデオロギー上の願望よりも、まずもって普通の人間の身体的苦痛や恐怖に基礎を置いているところからなされている。リベラリズムは政治を行政や経済、あるいは心理学へと分解するわけではないので、この意味では還元主義ではない。だが、恐怖のリベラリズムはありふれた身近な経験に基づいているため、政治を人類の最も高貴な大志と同一視する人びとを不愉快にさせる。何をもって高貴なものと見なすかは、確かに激しい議論を呼び起こすものではあるのだが。

恐怖のリベラリズムを人の洞察力を低めるものだとするのは、感情というものを、観念やとりわけ政治的大義より劣るものと見なしていることを意味している。イデオロギー上の野心を追求したり、「大義」のために命を賭けたりするのは高貴であるのかもしれない。だが、自分自身の「大義」を求めて他の人を殺すのは決して高貴ではない。「大義」はそれがいかに精神的なものであっても、それ自体を正当化するものではなく、どの大義も等しく啓発的なわけでもない。そして最も魅力的な大義であっても、それらが脅迫や賄賂によって他人に強要されたものであるならば、拷問の道具か拷問に対する臆病な言い訳に過ぎない。私たちがいかなる存在であろうとも、お互いに苦痛を感じる生き物であることを受け入れるようになり、身体的やすらぎと寛容という目標は、私たちが追求しようとするかもしれない他の目標に劣るようなものではないのだと理解できれば、私たちが人に危害を加えることははるかに少なくなるだろう。

死や死ぬことによって高められるようなものなど何もない。仮にあったとしても、それを奨励し、促進し、強制することは――実際には今も行なわれているのだが――公権力のなすべき仕事ではない。自己犠牲は私たちの称賛をかき立てるかもしれないが、定義からしてそれは政治的義務ではなく、政治の領域外にある義務を超えた仕事である。恐怖と残忍さの回避を基礎にして政治秩序を構築することに関して、そもそも身体的経験を軽蔑しないのであれば、「還元的」なところは何もない。さらに言えば、政治的精神性の帰結が精神の向上をもたらすことは、見た目よりずっと少ない。政治的に見れば、それは破壊の饗宴に対する言い訳として役立ってきた。あの真に崇高な叫び声「死よ、永遠なれ！（死よ、万歳）」*と、それが呼び込んだ政治体制を誰かに思い起こさせる必要があるだろうか。

恐怖のリベラリズムに関係する反論には他にも、このリベラリズムが純粋な人間理性を「道具的合理性」に置き換えてしまう、というものがある。[10] 前者〔純粋な人間理性〕の意味はふつう不明確なままになっているが、原則としてそれは一種のプラトン流イデア論ではない。「道具的合理性」とは、自らの目標や結果に関する合理性やその他のあり得べき価値をなんら問うことなく、効率性や目的－手段の関係ばかりを追求する政治的実践を指している。恐怖のリベラリズムは恐怖と残忍さを減ずるという非常に明確な目標があるため、この主の議論は全く無意味だろう。

反論としてより示唆的なのは、「道具的推論」は手続きに全面的な信頼を置いているが、その手続きに加わり、それに従う人びとの行為や議論に合理性があるかどうかに適切な注意を払っていない、という見解である。「道具的推論」は合意を生み出し、公正さを保証する仕組みを信頼するものだが、一方で、個々の市民の性格や社会全体の性格には十分な注意を払っていない。法の支配のもとにある多元主義的政治体制が、自由で相対的に平和な社会を生み出すことになるとしても、それが市民を真の意味で政治を理解できるまでのレベルに教育し、そうすることで集団生活を統御する能力を身につけさせるのでなければ、それは真に合理的なものにはならないだろうし、ましてや倫理的なものとはならないだろう。こうした社会は、手続きや結果に注意を払う恐怖のリベラリズムとは異なり、「実質的」に合理的だとされる。しかし実際には、この議論は合理性に関するものでは全くなく、根本的な社会変革やユートピア的な野心への期待についてのものである。〔恐怖のリベラリズムが〕「道具的である」という非難は、もしそれに何か意味があるとするならば、結局のところユートピア的試み、少なくとも他人が発明したユートピア的試みに対してその代価を払いたくない人びとへの軽蔑である。その「道具的」である方の恐怖のリベラリズムは、たとえ合理的な理想であったとしても、何らかの理想の追求のために他人を犠牲にするような危険を冒すことを拒絶するのである。

公正な手続きと法の支配に従って政治を経験することが、間接的に市民を教育することになるのは否定できない。公の意図の下でそうするのではない場合も、それは純粋に政治的なことである。忍耐、自制、他人の主張の尊重、そして危険に対する警告といった習慣から構成される社会的規律は、個人の自由と完全に両立するばかりではなく、社会的にも個人的にも価値ある特質を奨励する。[11] とはいえこのように述べるからといって、リベラル国家が特定の性格を作り出し、自政府の信念を強要することに目標を置く教育的政府を持ち得ることを意味するものではない。これは強調しておきたい。リベラル国家がそのような排他的かつ本質的に権威主義的なやり方で、教訓を与えようとする意図を持つことは決してあり得ない。これまで見てきたように、リベラリズムはまさに教育的国家に反対するために始まったのである。しかし、いかなる統治システムも、いかなる法的手続きのシステムも、いかなる公教育システムも、心理的な影響を及ぼさないではいられない。したがって、手続き上の公正さ

＊　この言葉はスペイン外人部隊を創設した軍人ホセ・ミリャン・アストライが一九二〇年代に広めた標語であり、部隊のイデオロギーとなった。アストライはスペイン内戦中フランコ側につき、報道・宣伝担当者ともなったことでこの標語が知られるようになった。

や責任政府が奨励しそうな傾向や習慣について、リベラリズムが弁明しなければならない謂れは毛頭ない。

もし、市民が個人として、また諸団体において、とくに民主制の中で政府の不法行為や権力濫用のいかなる兆候にも異議を唱え、それを阻止するために行動するのであれば、効果的に自己主張するための道徳的勇気、自立心、そして頑強さを持っていなければならない。リベラル社会に生きる市民を教育するためになされるあらゆる努力は、十分な知識を持ち、自分の道を自分で決めることのできる成人の育成という目標に向けられなければならない。完全にリベラルな社会というものがおおよそどのようなものかについては、非常に明快な説明がある。それは、カントの『徳論』の中に見いだすことができる。そこでは恩着せがましくせず、傲慢にならず、卑下したりせず、あるいは恐怖を抱かず、他人に敬意を払う人がどのような気質を持っているのかについてきわめて詳細に説明されている。嘘や残酷な行為はどちらも犠牲者を傷つけるだけではなく、それを行なう彼や彼女ら自身の性格をも損なってしまうものだが、徳のある人びとはそういったことはしない。リベラル政治が成功するか否かは、このような人びとの努力にかかっている。だが、彼らを単に完成した人間のモデルとしてもっぱら育成することがリベラル政治の仕事ではない。リベラル政治が要求できるのは、私たちが政治的自由を促進したいのであれば、このように振る舞うことこそが相応しい行動である、ということのみである。

このような、リベラリズムにおける市民像は、根拠なく普遍性を要求するきわめて非歴史的なものであり、また自民族中心的見解だ、と現在では主張されることが多い。ある時代、ある場所でこのような考え方が生まれたのはやむを得ないことではあるのだが、相対主義者は、インドのカースト制のように残酷で抑圧的なものであるとしても、そうした伝統的慣習のもとで暮らしている多くの人びとには、恐怖のリベラリズムは歓迎されないだろう、と論難する。(12) 伝統的に受け継がれてきた習慣を、普遍的であることを自称する基準によって裁くこと、その基準がどう受け止められるかにかかわらずそうすることは、偽りの、偏向した原理を傲慢にも押し付けることだ、と言われる。というのも、普遍的に妥当な社会的禁止事項やルールは存在しないのであるから、社会批評家の仕事はせいぜい、それぞれの社会に妥当する価値を明示することであると。だが、これらはすべて、地方の慣習を相対主義的に擁護する人びとが私たちに信じさせようとするほど、自明なものではないのである。

危害と屈辱を受けた、世界中の革命政府と伝統的な政府の犠牲者たちに、彼らの現状に代わる真の実現可能な別の選択肢を提供することができない限り、私たちには彼らが自らを拘束する鎖を本当に受け入れているのかどうかを知る術はない。そして彼らがそれを受け入れているという証拠はほとんどない。中国人は政治的・文化的に見て私たちからは距離があるにもかかわらず、毛沢東の支配体制を私たちがそうである以上に好んではいなかったのである。恐怖のリベラリズムをあまりに「西洋的」で抽象的であるとして——文化的にもまた心理的にも——拒絶する絶対的な相対主義は、きわめて独りよがりであり、私たちの世界にある恐怖を進んで等閑視する点で、信頼するに値しない。それは伝統を理想と見なして従うばかりではなく、あらゆる地域の実践を、その地で深く共有されている人間の願望であると独断する点でひどく非リベラルである。こうした慣習から一歩外に踏み出すことは、相対主義者の主張とは異なり、とりたてて傲慢でも、押しつけがましいことでもない。どこでもないところからの挑戦と、一般的な言葉で行なわれる普遍的人間性や合理的議論の要求だけが、あらゆる人びとによる精査と公共の場での批判に値するのである(13)。

あらゆる部族の境界内に広まり、語られずに神聖化された実践は、公然と分析や評価の対象とされることはない。というのは、それらは定義上、すでに共同体意識の内部に永続的に定着しているからである。実行可能な代替案、特に新しく異質であるものが一般に公開され検討されないのであれば、責任ある選択はあり得ないし、そこに暮らす人びとの声と彼らの精神を体現していると主張する当局を制御する方法もあり得ない。その地に埋め込まれた規範を説く預言者や吟遊詩人の傲慢さはいかなる義務論者のそれよりもはるかに大きい。というのも彼らは隠された大衆の魂を明らかにするだけではなく、それは部族外からの批判の対象にならない、と公言するからである。さらにこのような解釈学優位の主張の後に外国人嫌悪の熱狂が待ち受けている事例は、歴史的に見て事欠かない。ナショナリズムの歴史は励みになるようなものではない。だが、民族相対主義が最良のものであっても、それは、恐怖や残虐さがいたるところにあるということ以外に語れるものはほとんどない(14)。戦争も、今日のように核戦争の可能性とまではいかないにせよ、常に存在してきた。それを理由に、私たちは戦争を正当化しようというのか？　実際、いついかなる場所でどのような残虐行為が耐えられ得るかに関する最も信頼のおける試問は、それを犠牲になる可能性の最も高い者、最も権力のない者に、特定の時に、制御された条件下で行なうものである。それがなされるまでは、恐怖のリベラリズムが政治的暴虐の犠牲者に提供するものが数多くあると推定しない理由はない。

現在では、恐怖のリベラリズムが「自己」について適切な理論を欠いていると非難されがちであるが、だからこそこうした〔右のような〕考察が思い起こされるべきである。大きく異なる様々な自己が存在する可能性は、どのようなリベラルの教義にもある基本的な想定の一つである。政治的な目的という点から人間の本質に関してリベラリズムが前提とする必要があるのは、その身体的・心理的構造が類似している点以外では、人間はそれぞれ人格が顕著に異なることのみである。表層レベルにおいては、ある人びとは自らが大切にする集団の伝統に押しつぶされそうになり、別の人びとはその社会的起源や帰属からひたすら逃れたいのだと想定すべきであろう。人間の経験を通して得られる社会的に重要なこれらの局面は、後天的に形成されるもろもろの性格と同様に、極めて多様で、変化を被りやすい。社会における私たちの役割を総計しても完全な「自己」に到ることはないだろうが、それでも社会での学習は私たちの性格を形成する上で大きな部分を占めている。政治的目的を実現するために重要なのは、還元不可能な「自己」あるいは私たちが教育を受ける過程において獲得する特定の性格ではなく、多様な「複数の自己」が政治的に自由に交流できるという事実だけである。

ここで私は、より共同体的な、あるいはより個人主義的な傾向を拡大する人格を切望するアメリカの理論家に対して、このような人格は例外的に特権的なリベラル社会の関心事であり、主要な自由の諸制度が整うまではこうした熱望は生まれるはずがないことを忘れずにいて欲しいと伝えたい。実際、共同体主義者とロマン主義者の双方が自由で公的な制度を当然視してはいるが、このことはアメリカ合衆国に対する称賛とはなっても、彼らの歴史感覚への賛辞とはならない。[15] アムネスティ・インターナショナルや現代の戦争に関する年次報告を無視すれば、過去と現在のかなりの部分の政治的体験が疎かにされてしまう。世界市民であるということ、そして世界のいかなる地域のいかなる人種や集団の構成員であっても、彼らの命と自由に対する侮辱が真に憂慮すべきことだと考えるのがかつてリベラリズムの証であった。いくつかの国々におけるリベラリズムの成功が、その市民たちの政治的共感を萎えさせてしまったのは不快な逆説であるかもしれない。それは自由を当然のものとすることへの代償の一つであるように見えるが、それが唯一の代償ではないだろう。

リベラリズムは、あれこれの「自己」が持つ潜在性がいかなるものなのかについての考察に入り込む必要はない。だが、すでに知られている現実の危険を取り除くためには、人びとが生活している現にある政治的状況を考慮に入れなければならない。人間の自由について気遣うことは、自分の社会や一族が得る満足感に留まるものではない。したがって私たちは、連帯を掲げるイデオロギーを疑ってかからなければならない。なぜなら連帯のイデオロギーは、リベラリズムには感情的に満足感を得られない人びとにとって非常に魅力的であり、また今世紀〔二〇世紀〕を通じて、抑圧的で残忍な比類なく恐ろしい体制を作ってきた人びとにとっても、そのイデオロギーはあまりにも魅惑的だからである。このようなイデオロギーがアトム化された市民に何か健全なものを提供するという仮定が正しいかどうかについては判然としないが、そこから生まれた政治的帰結については、歴史的記録から見るかぎり、かなりはっきりしている。感情的・人格的発展を共同体の絆に求めるか、あるいはロマンティックな自己表現に求めるかは、リベラル社会の市民に開かれた選択肢ではある。しかしながら、双方とも政治的衝動とは無縁で、全く自己本位なものである。これが政治的教義として示された場合、せいぜいよくとも私たちの注意を政治の本分からそらすことになり、最悪のケースでは、不運な状況のもとで、リベラルの実践に深刻なダメージを与えかねない。というのも両者は個人的なものと公的なものの間の境界線を引き直しているようにしか見えないが――これ自体は完全に通常の政治的実践である――、どちらも提案された方向転換が含意するものに対して真剣な自覚を持っているとは言えないからである。(16)

恐怖のリベラリズムは、アナーキズムに極めて近いと思われてももっともであろう。だが、それは正しくない。なぜならリベラルは、熱烈なアナーキストの理論家たちでさえ、法の代替物として容認してきた非公式の強制や教育による社会的圧力について、常に意識してきたからである。(17) さらに、アナーキズムの理論に欠陥が少なかったとしても、法と政府が崩壊してしまった諸国の現実を見れば落胆するだろう。ベイルートに住みたいと言う人がいるだろうか。リベラリズムはその第一原理である法の支配を全く手放しておらず、法の支配はアナーキズムの教義ではない。法の支配を放棄する理由は全くない。それは政府を抑制するための最も重要な手段なのである。迫害の潜在性は科学技術の進歩に歩調を合わせている。それゆえ、私たちにはこれまでと同様、拷問や迫害の手段について憂慮しなければならないことがたくさんある。権利の章典の半分は公正な裁判と刑事裁判における被告人の保護に関するものである。というのも市民が国家権力と対峙するのは法廷においてであり、それは対等な争いではないからである。明確な手続き、誠実な裁判官、弁護人をたて、上訴する機会がなければ、誰にもチャンスはない。また、私たちの相互の安全のための必要を超えて、行為の犯罪認定が行なわれるべきではない。最後に、法を犯したという理由で犯罪者を単に罰するのではなく、犯罪の犠牲者に補償を行なうための法的努力ほど、リベラル国家の本質をよく表すものはない。というのも、一義的に犯罪者は人間という存在を傷つけ、恐怖を与え、虐待したからである。

恐怖のリベラリズムが権利の平等とその法的保護について強力な弁護を採用するのは、まさにこの点である。このリベラリズムは権利が基本的で所与のものだという考え方を基礎にはできない。そうではなく、権利とは、市民が自らの自由を保ち権力の濫用から身を守るために保持しなければならないライセンスであり権能だと考えるのである。権力の中心が複数存在し、制度化された権利を備えた多元主義的秩序に基づく制度は、リベラル政治社会を記述したものに過ぎない。それは必然的に民主的な政治社会でなければならない。なぜなら自らの権利を守り主張するための権利が平等にかつ十分にないならば、自由は希望にしかならないからである。代議制民主政治が行なわれず、上訴の可能性に開かれた公正で独立した司法制度が機能せず、政治活動を活発に行なう多様な集団がなければ、リベラリズムは危機に瀕する。そのような結果を防ぐことが恐怖のリベラリズムの目的のすべてである。従ってリベラリズムは、一夫一婦制のもとで、忠実に、永遠に続くものとして民主制と結婚したが、それは便宜上の結婚だとも言えよう。

自由が必要であることを説明するには特定の制度やイデオロギーに言及するだけでは不十分である。まず、残酷さを第一に考え、恐怖の恐怖を理解し、あらゆるところにこれらが存在することを認識しなければならない。政府による野放図な「処罰」と生存のための最も基本的な手段の否定は、私たちの近くでも遠くでも見られるものだが、これを考えると、すべての政府のあらゆる役人の実践と、あらゆる場所にある戦争の脅威に批判的に注意を向けるよう私たちは駆り立てられるはずである。

私の発言がチェーザレ・ベッカリーアや一八世紀以来の他の亡命者が言っていることのように聞こえるのであれば、彼らが政府のやり方について読んだ報告と同種の報告を、私が読んできたからかもしれない。ありとあらゆる場所で人種差別、外国人嫌悪、政府による組織だった蛮行が蔓延していることについては、『ニューヨーク・タイムズ』の海外ニュースの記事を見れば十分である。政治理論家や政治的に注意深い市民たちがなぜこうしたことを無視することができ、しかもそれに抵抗しないのか、私にはわからない。かつて私たちは同じように無視し、抵抗がうまくいかなかったからこそ、恐怖のリベラリズムに向かい、リベラル思想の中でもより刺激的だが差し迫ってはいないものから離れていったのである。

訳者あとがき

本書は、Jan-Werner Müller, *Furcht und Freiheit. Für einen anderen Liberalismus* (Suhrkamp, 2019) を全訳したものである。それに加えて巻末には、著者ミュラーが依拠しているジュディス・シュクラーの論文「恐怖のリベラリズム」(一九八九年) を付した。

ポピュリズムや民主主義に関するミュラーの数々の著作においてもリベラリズムには触れられているが、本書では、政治思想としてのリベラリズムをその源流にまで遡って歴史を振り返り、そこから現在のリベラリズムのありかたを問い直そうとしている。その際、ポピュリズムとの対立という枠組みを用いており、その筆の進め方は物語風である。自動車を快適に運転していたリベラリズムが、途中で一方通行路に迷い込んでしまい、向こうから次々にやってくる対向車(=ポピュリズム)と衝突し、むち打ち症になってしまう。それを治療しつつ、これ以上間違わないようにジュディス・シュクラーによる「恐怖のリベラリズム」という地図を見て新しいルートを検索する。それにしたがって進む道路は見いだせ、到着はしたものの、どうもそこは目的地とは違っていた。そこからもう一度、目的地を定めて車を進めなくてはならないのである。彼はシュクラーの「恐怖のリベラリズム」を大いに参照してはいるが、今の社会ではそれでもまだ足りないというスタンスから、「恐怖のリベラリズム」に対する彼の意見を鮮明に描いている。またミュラーが様々な概念や通念、あるいは一般的な了解事項を次から次へと打ち砕いていくのは、アウトバーンを走っているようで痛快である。あたかも講義を聴いているような筆致でもあり、彼のゼミ生・院生は大学でさぞかし楽しい授業を受けているであろうと羨ましく思えてくる著作でもある。是非、じっくりと読んでみて欲しい。

ちょうど二年前に博士論文を書き終えてまもなく、東京外国語大学の同僚中山智香子さんから本書の翻訳のお声がかかった。歴史学を専攻している訳者の論文を審査してくださった中山さんには「本当は政治思想史よね」と訳者の興味を見抜かれてしまったこともあり、この翻訳をお引き受けすることにした。しかし、難解なドイツ語で書かれた政治思想の著作を訳すのは本当に久しぶりで、かなり手こずった。時には中山さんに愚痴を聞いてもらったが、なんとか最後まで行き着くことができた。温かなお心遣いに感謝したい。同じく外大の同僚である大川正彦さんには、本書に取りかかった当初から解らない部分を教えて頂いた。大川さんはシュクラー論文をとても早い時期に訳されており、またミュラーのこの本も論文で引用されていたためである。本書の最後にシュクラーの「恐怖のリベラリズム」を再訳して収録したが、これも字義通りの素晴らしい大川訳があってのことであった。深く御礼申し上げげる。そして、何よりもこの本が日本語で刊行できるのは、みすず書房の中川美佐子さんのおかげである。彼女から翻訳のイロハの手ほどきを受け、その語学力とミュラーの政治思想に関する理解力の深さに圧倒されながら、さらには「編集者による叱咤激励」とはこのことか、と恩師たちの言葉を思い出させてくれたプロの力をお借りしながら翻訳・校正を進めることができた。深謝申し上げる。

古川高子

ヤン＝ヴェルナー・ミュラー
恐怖と自由
ジュディス・シュクラーのリベラリズム論と21世紀の民主制
古川高子訳

2024年11月1日　第1刷発行

発行所　株式会社 みすず書房
〒113-0033 東京都文京区本郷2丁目20-7
電話 03-3814-0131(営業) 03-3815-9181(編集)
www.msz.co.jp

本文組版　キャップス
本文印刷所　精文堂印刷
扉・表紙・カバー印刷所　リヒトプランニング
製本所　東京美術紙工
装丁　安藤剛史

ISBN 978-4-622-09735-8
［きょうふとじゆう］

著者略歴

(Jan-Werner Müller)

プリンストン大学ロジャー・ウィリアムズ・ストラウス記念社会科学教授. オックスフォード大学オール・ソウルズ・カレッジ研究員ほか, 数多くの大学で客員教授を歴任.『ニューヨーク・タイムズ』『ガーディアン』『フォーリン・アフェアーズ』『ニューヨーク・レビュー・オブ・ブックス』『ロンドン・レビュー・オブ・ブックス』などに政治・社会問題に関する論考を寄稿. 日本語訳のある著書に, *A Dangerous Mind: Carl Schmitt in Post-War European Thought*, Yale University Press, 2003 (『カール・シュミットの「危険な精神」』中道寿一訳, ミネルヴァ書房, 2011), *What Is Populism?*, University of Pennsylvania Press, 2016 (『ポピュリズムとは何か』板橋拓己訳, 岩波書店, 2017), *Constitutional Patriotism*, Princeton University Press, 2007 (『憲法パトリオティズム』斎藤一久ほか監訳, 法政大学出版局, 2017), *Contesting Democracy*, Yale University Press, 2011 (『試される民主主義　上・下』板橋拓己／田口晃監訳, 岩波書店, 2019), *Democracy Rules*, Farrar, Straus & Giroux, 2021 (『民主主義のルールと精神』山岡由美訳, みすず書房, 2022). 本書『恐怖と自由』で 2021 年のバイエルン図書賞を受賞.

(Judith N. Shklar)

1928 年ラトヴィアのリガ生まれ. ユダヤ人迫害を逃れて一家でヨーロッパを離れ, 真珠湾攻撃に出る前の日本を経由してカナダへ亡命. 1950 年にカナダ・マギル大学で修士号, 55 年にハーヴァード大学で博士号を取得後, ハーヴァード大学政治学教授 (John Cowles Professor of Government). アメリカ政治学法哲学学会 (ASPLP), アメリカ政治学会 (APSA) の会長を歴任. 主な著作に *After Utopia: the Decline of Political Faith*, Princeton University Press, 1957 (『ユートピア以後——政治思想の没落』奈良和重訳, 紀伊國屋書店, 1967), *Legalism: Law, Morals, and Political Trials*, Harvard University Press, 1964 (『リーガリズム——法と道徳・政治』田中成明訳, 岩波書店, 1981 年), *Ordinary Vices*, Harvard University Press, 1984 (未邦訳), *The Faces of Injustice*, Yale University Press, 1990 (『不正義とは何か』川上洋平ほか訳, 岩波書店, 2023) がある. 1992 年 63 歳で歿.

訳者略歴

古川高子〈ふるかわ・たかこ〉東京外国語大学世界言語社会教育センター特任講師. 博士 (学術). 専攻はヨーロッパ史. 主要著作・論文に「オーストリアにおける「保守派」の反原発運動とその環境保護思想」『クァドランテ』No.16 (2014),「歴史を背負った山」『ドイツ文化事典』(共著, 丸善出版社, 2020),「戦間期オーストリアにおけるナショナルツーリズム——登山家協会と大衆運動の連係による国民形成」(博士論文, 東京外国語大学, 2022), 映画吹替・字幕翻訳にフレディ・ムーラー監督『緑の山』(1990 年制作, 日本公開 2017 年, 2020 年).

原注

出発地

（1）プーチンの発言は右の通りである．「リベラル思想は時代遅れだ．それは今日では住民の圧倒的多数の利害と対立している」．LGBTの権利については，「すべての人々が幸福であるべきだ．そうすることで我々には何の問題も生じない」．だが，「数百万人に及ぶ中心となる人々の本質をなす文化，伝統，伝統的家族の価値を暗い影で覆ってしまうのは断じて許すわけにはいかない」．引用は右の文献から．Lionel Barber/Henry Foy/Alex Barker, Vladimir Putin Says Liberalism Has “Become Obsolete,” in: *Financial Times* (26. Juni, 2019). オンラインで読むことができる．URL は次の通り（https://www.ft.com/content/670039ec-98f3-11e9-9573-ee5cbb98ed36）．ドナルド・トランプはプーチンの発言に対して次のように述べた．「実際，「西側のリベラリズム」という問題は，ロサンジェルスとサンフランシスコにおける問題なのだ」と．

（2）一つのあり得る例外は，当時のイラン大統領マフムード・アフマディーネジャードが2006年にジョージ・W・ブッシュに送った手紙である．アフマディーネジャードはそこで，同じくリベラリズムの崩壊を認めている．右を参照せよ．N. N., Liberalismus und Demokratie sind gescheitert, in: *Spiegel online* (9. Mai 2006). オンラインで読むことができる．URLは次の通り（https://www.spiegel.de/politik/ausland/ahmadinedschads-brief-an-bush-liberalismus-und-demokratie-sind-gescheitert-a-415194.html）．

（3）Paul Dallison, Russians Troll EU with Liberalism Poll, in: *Politico* (1. Juli 2019). オンラインで読むことができる．URL は次の通り（https://www.politico.eu/article/russians-troll-eu-with-liberalism-poll-embassy-uk/）．

（4）私はここでヴァルター・ベンヤミンの「歴史の概念について」から2文を取りあげパラフレーズした．ベンヤミン・ファンにはご寛恕を請う〔ベンヤミンの「歴史の概念について」におけるⅧテーゼの後半部分．進歩史観を信じてファシズムに敵対する人々が，ファシズムは一時的な「例外状態」であるとみなして，それに対抗すること自体が敵に好機を与えてしまうこと，つまりファシズムは「例外状態」ではなく，20世紀においてもその支配が生じることを指摘している．Walter Benjamin, Über den Begriff der Geschichte. Februar bis April/Mai 1940. オンラインで読むことができる．URL は次の通り（http://offene-uni.de/archiv/textz/txtz.htm）．邦語での参考文献は鹿島徹訳・評注『［新訳・評注］歴史の概念について』（未來社，2015）53, 129–131 など〕

（5）このジャンルは全く新しいものではない．アルノルト・リューゲ（Arnold Ruge）は1843年頃に『リベラリズムの自己批判（*Selbstkritik des Liberalismus*）』を出している．
（6）たとえば右の書物を見よ．Jan Zielonka, *Konterrevolution. Der Rückzug des liberalen Europa* (Frankfurt am Main/New York: Campus, 2019). ウルリケ・ビショッフ（Ulrike Bishoff）による英語からの翻訳．
（7）Cass R. Sunstein, Isism, or Has Liberalism Ruined Everything?, Harvard Public Law Working Paper 19-19 (15. April 2019). オンラインで読むことができる．URLは次の通り（https://papers.ssrn.com/sol3/papers.cfm?abstract_id=3372364）．
（8）Thierry Baudet, Houllebecq's Unfinished Critique of Liberal Modernity, in: *American Affairs* III/2 (2019). オンラインで読むことができる．URLは次の通り（https://americanaffairsjournal.org/2019/05/houellebecqs-unfinished-critique-of-liberal-modernity/）．
（9）数多ある著作の中で，特に右を参照せよ．Patrick Deneen, *Why Liberalism Failed* (Princeton: Princeton University Press, 2018). デニーン流の反リベラル的常套句の向こうをはって，ポストリベラリズムを考察しようとする哲学的に洗練された数少ない試みの一つが右の著作である．John Milbank/Adrian Pabst, *The Politics of Virtue: Post-Liberalism and the Human Future* (London: Rowman & Littlefield International, 2019).
（10）Nancy Fraser, Vom Regen des progressiven Neoliberalismus in die Traufe des autoritären Populismus, in: Heinrich Geiselberger (hrsg.), *Die große Regression. Eine internationale Debatte über die geistige Situation der Zeit* (Berlin: Suhrkamp, 2017), 77-91.〔ナンシー・フレイザーは，フェミニズムや反人種主義，マルチカルチュラリズム，LGBTQ運動などの社会正義を推進する新しい社会運動と，主として高学歴者が従事するサービス産業分野が相互に共鳴しあって利益を得ている状況を「進歩的ネオリベラリズム」とみなし，批判している〕
（11）Andreas Reckwitz, *Die Gesellschaft der Singularitäten. Zum Strukturwandel der Spätmoderne* (Berlin: Suhrkamp 2017), 371.
（12）Judith N. Shklar, The Liberalism of Fear, in: Nancy L. Rosenblum (ed.), *Liberalism and the Moral Life* (Cambridge, MA: Harvard University Press, 1989), 21-38. 一連の重要な論文が入ったドイツ語ヴァージョンは右の通り．*Der Liberalismus der Furcht* (Berlin: Matthes & Seitz, 2013), 39. 編纂および英語からの翻訳はハーネス・バヨール（Hannes Bajohr）.「人格発展のリベラリズム」の原語はLiberalism of Development.
（13）英国での議論においてこれと一致した表現は，「能力capacity」であった．それゆえ思想史家は「能力主義者の言説」について語ってきた．
（14）Duncan Bell, What Is Liberalism? in: *Political Theory* 42/2014, 682-715. このような話は全く明白である，あるいは目的論的だと考える場合には，ドメニコ・ロズールドを読

んで欲しい．Domenico Losurdo, Freiheit als Privileg. Eine Gegengeschichte des Liberalismus (Köln: Papyrossa, 2010). イタリア語からの翻訳はヘルマン・コップ（Hermann Kopp）．ロズールドは，しかし聖人伝的リベラリズムの説明（創設者としてのロック…）について否定的なままである．

(15) Shkler, *The Liberalism of Fear.* 前掲文献．

(16) これに関しては特に右の書物を参照のこと．Elizabeth Anderson, *Private Regierung. Wie Arbeitgeber über unser Leben herrschen* (und warum wir nicht darüber reden) (Berlin: Suhrkamp, 2019). 英語からの翻訳はカリン・ヴェルデマン（Karin Wördemann）．

(17) この意味においてもシュクラーは次のように述べている．「私の見解によると政治理論の課題は，私たちの社会についての会話や信念において欠落がなく，そして一致するよう配慮し，私たちが当たり前だと思ってしまっている判断や私たちが通常考えるような可能性をその原因も含めて批判的に問うことである」（Judith N. Shklar, *Ordinary Vices* (Cambridge, MA: Harvard University Press, 1984), 226.

第 1 章

(1) この根本的な区分について最も明らかにしているのは右の論文．Stephen L. Darwall, Two Kinds of Respect, in: *Ethics* 88/1 (1977), 36–49.

(2) フクヤマはこのテーゼを最近もう一度検討したが，その際に様々な点を補足した．たとえば彼は今や「左翼のアイデンティティ政治」をトランプ主義やネオナショナリズム等々と同一視している．Francis Fukuyama, *Identität. Wie der Verlust der Würde unsere Demokratie gefährdet* (Hamburg: Hoffmann und Campe, 2019). ベルント・ルールケッター（Bernd Rullkötter）による英語からの翻訳．

(3) アロンは自らを「リベラリズムに少々同情を抱くケインジアン」と表現した．フリードリヒ・フォン・ハイエクの自由と政治に関する解釈を彼は右の論文で批判的に捉えた．La définition libérale de la liberté, in: *Archives Européennes de Sociologie* 2/2 (1961), 199–218; Liberté; libérale ou libertaire? in: *La liberté et l'ordre social: Textes des conférences et des entreins organisés par les Rencontres Internationales de Genève*, Neuenburg: Éditions de la Baconnière, 1969, 67–112.

(4) 例えば，「私は，善意で混乱した人びとよりもイエズス会士の方が好ましいと自分に言い聞かせてきた．少なくとも，イエズス会士の方が何に賛成し，何に反対して闘っているのかということがはっきりわかるし，武器の使い方も心得ているからである」（アイザイア・バーリンからバーナード・ウィリアムズへの 1969 年 3 月 7 日付手紙より）．*Building: Letters 1960–1975*, (Hg.), Henry Hardy/Mark Pottle (London: Chatto & Windus, 2013), 377.

(5) アーサー・シュレジンジャーは改悛の念を込めて次のように述べている．「冷戦と共産

主義の歴然たる残虐さは，私たちの体制を一つの体制として防衛しようとする傾向を呼び起こした．しかし，そのような体制が一連の不正や悪を維持させてしまうことを容認してしまったことも否定できない」．Arthur M. Schlesinger Jr., *Journals 1952-2000* (New York: Penguin, 2007), 313.

（6）アロンは「立憲的多元主義体制（régime constitutionnel-pluraliste）」と表現している．

（7）ハイエクは，彼の最も成功した著作の最後にジョン・ミルトンの次のような文章「いかに生きるべきかを諸民族に教えてきたという特権を持っていることを英国自身が忘れることがあってはならない」〔西山千明訳『隷属への道』（春秋社，2008）354を部分的に修正しながら利用した〕を引用した．こうすることでこの亡命者は彼の新しい故郷の人びと（だけではないが）の気に入るよう配慮した．

（8）ホッブズは続けて，恐怖それ自身が〔何らかのものを〕自由にしないことはない，と言っている．すなわち，「恐れと自由は両立し得る（一致する）ものである」と（Thomas Hobbes, *Leviathan, oder Stoff, Form und Gewalt eines bürgerlichen Staates*, aus dem Englischen von Walter Euchner (Berlin: Suhrkampf, 2007 (1651)), 163）．ホッブズは，恐怖と彼の生誕にまつわる有名な逸話を密接に結びつけた．進軍してきたスペイン無敵艦隊への恐怖で母親が早産したのである．「その恐怖のせいで母は，双子つまり私と共に恐怖を産んだ」（Thomas Hobbes, *The Life of Thomas Hobbes of Malmesbury* (London, 1680), 2）．

（9）ジョナサン・アーレンの素晴らしい右論文も参照せよ．The Place of Negative Morality in Political Theory, in: *Political Theory*, 29/3 (2001): 337-363.

（10）Michael Ignatieff, *The Warrior's Honor. Ethnic War and the Modern Conscience* (New York: Henry Holt, 1997), 18f. 犠牲者を考える場合，軍人とそれ以外の人びとを同置することが問題を含むということに注意を払って欲しい．〔『仁義なき戦場――民族紛争と現代人の倫理』真野明裕訳（毎日新聞出版，1999）29-30頁を部分的に修正しながら利用した〕

（11）Bernhard Schlink, Der Preis der Gerechtigkeit, in: *Merkur*, 58/667 (2004), 983-997.

（12）例えばPeter Beinart, An Argument for a New Liberalism: A Fighting Faith, in: *The New Republic* (13. Dez. 2004) を見よ．バイナートは第2次イラク戦争の熱心な擁護者であった．2006年に彼は *The Good Fight: Why Liberals—and Only Liberals—Can Win the War on Terror and Make America Great Again* (New York: Harper Collins) を著した．副題に注目せよ．

（13）コリー・ロビンによる引用．Corey Robin, *Fear. The History of a Political Idea* (New York: Oxford University Press, 2001), 24.

(14) Botho Strauß, Der Konflikt, in: *Der Spiegel*, 7 (13. Februar 2006), 120f.
(15) この批判についてはロビンによる前掲の著作を参照のこと.
(16) すでにかなり長い間，何名かのフランスの知識人たちはこの話とそれほど違わない内容を論証している．とりわけマルセル・ゴーシェの仕事を参照せよ.
(17) 右を参照. Quinn Slobodian, *Globalisten. Das Ende der Imperien und die Geburt des Neolobelasimus* (Berlin: Suhrkampf [2019])．シュテファン・ゲバウアー（Stephan Gebauer）による英語からの独訳.〔クィン・スロボディアン『グローバリスト――帝国の終焉とネオリベラリズムの誕生』原田太津男，尹春志訳（白水社，2024)〕
(18) 右を参照．Nancy Maclean, *Democracy in Chains. The Deep History of the Radical Right's Stealth Plan for America* (New York: Viking, 2017).
(19) Niklas Olsen, *The Sovereign Consumer: A New Intellectual History of Neoliberalism* (Cham, Schweiz: Palgrave Macmillan, 2019).
(20) 自己規律化ばかりではなく他からの規律化の可能性は，もう一度新しい数量化技術やデジタル監視技術によって非常に大きく飛躍した. 以下の文献を参照のこと. Steffen Mau, *Das metrische Wir. Über die Quantifizierung des Soziales* (Berlin: Suhrkamp, 2017).
(21) 以下の文献から引用．Ronald Butt, Mrs. Thatcher: The First Two Years, Interview with Margaret Thatcher, in: *Sunday Times* (3. Mai 1981). オンラインで読むことができる．URL は以下の通り（https://www.margaretthatcher.org/document/104475).
(22) またヴィルヘルム・レプケのようなオルドリベラルたちは，キリスト教を必須のものとみなしていた．これが 1950 年代から 60 年代にかけて市場と道徳とを妥協させようとしたアメリカの保守的な「フュージョニスト」〔保守と自由主義の融合主義者〕の思想において，ドイツの経済学者たちが驚くほど大きな役割を果たした理由の一つである．加えてジェームズ・G・チャペルの素晴らしい論文を参照のこと．James G. Chappel, A Servant Heart. How Neoliberalism Came to Be, in: *Boston Review* (15. November 2015). オンラインで読むことができる．URL は以下の通り（https://www.bostonreview.net/articles/james-chappel-servant-heart-religion-neoliberalism/).
(23) 1938 年パリで開催されたシンポジウムでウォルター・リップマンがすでに「補完的統合」〔補完性原理〕の思想を述べていた.
(24) メリンダ・クーパーが右の自著で上手に記している. Melinda Cooper, *Family Values. Between Neoliberalism and the New Social Conservatism* (New York: Zone Books, 2017). とりわけ彼女は，（多くの保守主義者と同じく）ネオリベラルが資本主義による社会的なものの解体とその再埋め込みの必要性というロジックを十分意識していたことを，カール・ポランニーの「伝統的な道徳は今やこの再埋め込みを保証するためのものである」を引いて立証している.
(25) オルセンの上掲書からの引用．Olsen, *The Sovereign Consumer*, 62.

(26) Serge Audier, *Le colloque Lippmann: Aux origines du néo-libéralisme* (Latresne: Bord de l'Eau, 2008), 308.
(27) たとえばドイツの法学者エルンスト＝ウルリヒ・ペテルスマンの仕事を見よ．ペテルスマンはクィン・スロボディアンによって「オルドグローバリスト」の第三世代として描かれている（Globalisten, Kap. 7）.
(28) William Davies, Moral Hazard: The Shifting Ethos of Neoliberalism, in: *New Left Review*, 99 (September/Oktober 2016), 1-17.〔「万人の万人に対する協力」はフリードリヒ・シラーの『ドン・カルロス』で示された概念．相互に矛盾する利害の追求が一般的な不利益をもたらすことを指す〕

第 2 章

(1) Albrecht Koschorke, Auf der anderen Seite des Grabens (2018). オンラインで読むことができる．URL は以下の通り（http://www.zflprojekte.de/zfl-blog/2018/08/30/al brecht-koschorke-auf-der-anderen-seite-des-grabens/）.
(2) さらに偽善に対する非難が常について回ることはよく知られている．リベラルな道徳主義は余裕があってこそ可能である，といったものだが，こうしたものは全く新しいものではない．「左を語り，右〔保守的〕に生きる」といった言説はポピュリズムについての議論の外でも決定的な論拠として用いられるようになった．
(3) トランプは「サイレント・マジョリティが戻ってきた．彼らは静かにはしていない．彼らは攻撃的なのだ」と公言した．
(4) トランプのこのレトリックに関しては過去との大きな断絶とは言えない．それほど遠くない過去にサラ・ペイリンは「この私が本当のアメリカと呼ぶ素晴らしい小さな島」という賛辞を述べている．〔ペイリンはアラスカ州知事を務めた政治家で，2008 年の合衆国大統領選挙時，共和党の副大統領候補にもなった．現在はトランプ派である〕
(5) フランスでは souverainisme，イタリアでは sovranismo 等々．〔ヨーロッパ〕連合から離脱する権利を持つ諸国家はその国家主権を相変わらず失ってはいない，と記しておこう．
(6) ナショナリスティックなポピュリスト（そして哲学者）が気の毒なほどナイーヴなところは，彼らが，あたかもメルケルやマクロンらが本当に常に人類の利益だけを追求しているかの如く考えており，こうしたリベラルエリートには国民の利益を代表することの意味を教えなければならない，と思い込んでいる点である．たとえば次の文献を参照のこと．Yoram Hazony, *The Virtue of Nationalism* (New York: Basic Books, 2018).
(7) David Goodhard, *The Road to Somewhere. The Populist Revolt and the Future of Politics* (London: Hurst, 2017).
(8) David Goodhard, Why I Left My Liberal London Tribe, in: *Financial Times* (17.

März 2017). オンラインで読むことができる. URLは以下の通り（https://www.ft.com/content/39a0867a-0974-11e7-ac5a-903b21361b43）.

（9）ここでは，ありきたりな次のような言及を避けることにした．つまり，「どこでもいい派」も勿論実際にはどこででも生活できるわけでもないし，またそれを望んでいるわけでもない．グッドハートの簡単な区分に従うと，「どこでもいい派」は，「ここしかない派」がとりわけ居心地がよいと感じるような場所を好むわけではないということである．グッドハート自身は，リベラル出身の裕福な出自を有する仲間が学業を終えた後，「どこかで」暮らしたわけではなく，ロンドンの出身地区でみなと同じように暮らしたことを示唆している．むしろ（富裕層の移民ではなく）多くの難民を「どこでもいい派」と表現した方がずっと説得力が増す．このようなステレオタイプ的でひどく誤解を招くようなコスモポリタニズムについての概念をロレンツォ・マルシーリとニッコロ・ミラネーゼがその著作の中で批判している．Lorenzo Marsili/Niccolò Milanese, *Wir heimatlosen Weltbürger* (Berlin: Suhrkamp, 2019). ヨセミン・ディンチェル（Yosemin Dinçer）による英語からの独訳.

(10)実証的に集められた多くの証拠は以下の著作の「コスモポリタン的エリートの神話」の章を見よ．Michael Hartmann, *Die Abgehobenen, Wie die Eliten die Demokratie gefährden* (Frankfurt am Main/New York: Campus, 2018).

(11)またボード・ムロツェックによる歴史的に賢明で正しい解釈も参照せよ．Bodo Mrozek, Klassenkampf von rechts, in: *Zeit* online (28. Juli 2019). オンラインで読むことができる. URLは以下の通り（https://www.zeit.de/kultur/2019-07/rechtspopulismus-identitaetspolitik-alexander-gauland-heimat-rechte-afd/komplettansicht）.

(12)Brandon Gorman/Charles Seguin, What Conservatives Gets Wrong about Cosmopolitans, in: *Washington Post* (27. Juli 2019). オンラインで読むことができる. URLは以下の通り（https://www.washingtonpost.com/politics/2019/07/27/what-conservatives-gets-wrong-about-cosmopolitans/）.

(13)Caspar Hirschi, Die Hasser und die Heuchler, in: *New Züricher Zeitung* (19. Juni 2017). オンラインで読むことができる. URLは以下の通り（https://www.nzz.ch/feuilleton/populismus-die-hasser-und-die-heuchler-ld.1300867）（Juni 2019）.

(14)お見事であると同時に，資本主義を巧みに擁護している．以下の著作を参照のこと．David Brooks, *Die Bobos: Der Lebensstil der neuen Elite* (Econ, 2001). また種々の資本の型の融合については右の著作を参照のこと．Claudia Koppetsch, *Die Gesellschaft des Zorns: Rechtspopulismus im globalen Zeitalter* (Bielefeld: Transcript, 2019).

(15)能力や専門性が全く考慮されない英国の閥族政治（意訳すると縁故経済）に対して効果的な（多くの点では驚くような）批判をイーロン・デイヴィスが提供している．Aeron Davis, *Reckless Opportunists. Elites at the End of the Establishment* (Manchester:

Manchester University Press, 2018).

(16)リュック・ボルタンスキとエヴ・シャペロは，搾取的労働条件に対する社会批判と，芸術家の自律性ならびに創造的表現の可能性を摘んでしまう批判とを区別している．その際，企業が後者をうまく利用することで「新しい資本主義の精神」が成立するとしている．Luc Boltanski/Ève Chiapello, *Der neue Geist des Kapitalismus* (Konstanz: UVK, 2003). ミヒャエル・ティルマンによるフランス語からの独訳．〔『資本主義の新たな精神』上下巻，三浦直希ほか訳（ナカニシヤ出版，2013）〕

(17)Carlo Strenger, *Diese verdammten liberalen Eliten. Wer sie sind und warum wir sie brauchen* (Berlin: Suhrkamp, 2019), 119.

(18)右の文献を参照のこと．Pieter de Wilde et al. (Hg.), *The Struggle over Borders. Cosmopolitanism and Communitarianism* (New York: Cambridge University Press, 2019).

(19)この脈絡ではハインリヒ・ガイゼルベルガーからヒントを得ている．

(20)実証的研究によれば，たとえばAfD投票者の50パーセントが抗議からのみ行動しているという．さらに多くの有権者が党の中心的課題——移民・難民政策——についてはそれを解決する能力は党にはないと思っていた．右の著作を参照のこと．Timo Lochocki, *Die Vertrauensformel. So gewinnt unsere Demokratie ihre Wähler zurück* (Freiburg: Herder, 2018).

(21)2019年5月のデンマークの議会選挙という反証〔ポピュリスト政党のデンマーク国民党が大幅に議席を減らし，社会民主党が第一党の座を維持した選挙〕は，何名かの慌てたドイツの「現実的」社会民主主義者が思っていたほど，経験的に明白なものとは言えないだろう．

(22)たとえば，右の論文を参照のこと．Werner Patzelt, Mängel in der Responsivität oder Störungen in der Kommunikation? Deutschlands Repräsentationslücke und die AfD, in: *Zeitschrift für Parlamentsfragen*, 49/4 (2018), 885-895.

(23)Michael Saward, *The Representative Claim* (New York: Oxford University Press, 2010).

(24)右の論文を参照のこと．Clara Hendrickson/Mark Muro/William A. Galston, Countering the Geography of Discontent: Strategies for Left-behind Places (November 2018). オンラインで読むことができる．URLは以下の通り（https://www.brookings.edu/research/countering-the-geography-of discontent-strategies-for-left-behind-places/）．

(25)併せて右の著作を参照せよ．Christophe Guilluy, *La France périphérique: Comment on a sacrifié les classes populaires* (Paris: Flammarion, 2014).

(26)右の論文を参照せよ．Didier Fassin/Anne-Claire Defossez, An Improbable

Movement?, in: *New Left Review*, 115 (Januar/Februar 2019), 77–92.

(27) この方向で書かれた重要な著作は右の通り. Philip Manow, *Die Politische Ökonomie des Populismus* (Berlin: Suhrkamps, 2018).

(28) この議論の批判者は, リベラリズムは究極的には常に非政治的であるというシュミットの診断が裏付けられたと言うだろう. すなわちシュミットの有名な言葉にあるように, リベラルは「倫理的パトス」あるいは「唯物論的経済的即物性」を現場に持ち込むが, 本当の政治的なるものは逃してしまうのである. Carl Schmitt, *Der Begriff des Politischen* (Berlin: Duncker & Humbolt, 2002 [1932]) 70)〔田中浩／原田武雄訳『政治的なものの概念』(未來社, 1970, 2015) 91〕.

(29) Strenger, *Diese verdammten liberalen Eliten*, 129.

(30) その際, 左派リベラルの対抗馬にもこの取引モデルがある (その内容ははるかに偏ったものでも, 完全な嘘でもない). カスパー・ヒルシは正しくも次のように観察している. 「ポピュリストとメインストリーム・メディアは米国内では最も際立ったところにおり, 極地化された中で共生している. 彼らはお互いに激しくぶつかり合うことで, 双方ともに注意と影響力を持っているのである」(Hirschi, Die Hasser und die Heuchler).

(31) とりわけ今日では統合的〔差別撤廃の方向を持つ〕知識人たちが, レーガン時代の「コンセンサス保守主義」として批判するものから脱却しようとする動きがある. 「無効なコンセンサスに抗して (Against the Dead Consensus)」声明 (2019 年 3 月 31 日付) を参照のこと. これはオンラインで読むことができる. URL は以下の通り (https://www.firstthings.com/web-exclusives/2019/03/against-the-dead-consensus).

(32) Ryszard Legutko, *The Demon in Democracy. Totalitarian Temptations in Free Societies* (New York: Encounter, 2016). テレサ・アデルソンによるポーランド語からの英訳.

(33) Deneen, *Why Liberalism Failed*, 16.

(34) 最高裁で争われたズービック対バーウェルの具体的なケースは, 貧者のためのリトルシスター修道会に該当するものだった. 教会は一般的に, 信仰の自由の原則に基づけば, 医療費負担適正化法 (オバマケア) のような法律には拘束されないとされた. そこでの決定的な問題は, この特別扱いが他の宗教諸団体にも及ぶかどうかということであった.

(35) この文化を強調しすぎる点は, 19 世紀に実際に行われた文化闘争にこだわったところにたぶん由来している. たとえば, リベラル・イタリアとカトリック・イタリアとの間の対立などが挙げられるだろう.

(36) 本来の「最高善」は, 同様に言及された「公共善〔福祉〕」を超えるものである. 右を参照のこと. Sohrab Ahmari, Against David French-ism, in: *First Things* (29. Mai 2019). オンラインで読むことができる. URL は以下の通り (https://www.firstthings.com/web-exclusives/2019/05/against-david-french-ism).

(37) Jean-Claude Michéa, *L'empire du moindre mal: Essai sur la civilisation libérale* (Paris: Climat, 2007).
(38) Roger Kimball, PC Insanity May Mean the End of American Universities, in: *New York Post* (31. Mai 2019). オンラインで読むことができる．URL は以下の通り（https://nypost.com/2019/05/31/pc-insanity-may-mean-the-end-of-american-universities/）．またデニーンは少なくとも人文科学の撤廃を擁護している．ツイッターで彼はキンバルの提案に同意して「破廉恥な者を粉砕せよ」〔ヴォルテール〕と述べた．以下で読むことができる．URL は以下の通り（https://twitter.com/PatrickDeneen/status/1134972681835732992）．
(39) Hazony, *The Virtue of Nationalism.*

第 3 章

(1) 特に右を参照．Losurdo, *Freiheit als Privileg.*
(2) Helena Rosenblatt, *The Lost History of Liberalism. From Ancient Rome to the Twenty-First Century* (Princeton: Princeton University Press, 2018), 42.
(3) 同上，47.
(4) この意味論的なずれについての重要な研究は以下の書物．この著作から多くの洞察を得た．Jörg Leonhard, *Liberalismus. Zur historischen Semantik eines europäischen Deutungsmusters* (Berlin: De Gruyter, 2001).
(5) Albert O. Hirschman, *Leidenschaften und Interessen. Politische Begründungen des Kapitalismus vor seinem Sieg* (Frankfurt am Main: Suhrkamp, 1980). ザビーネ・オッフェによる英語からの翻訳．
(6) Andreas Kalyvas/Ira Katznelson, *Liberal Beginnings* (New York: Cambridge University Press, 2008).
(7) Rosenblatt, *Lost History of Liberalism*, 56 からの引用．
(8) Rolf Vierhaus, Liberalismus, in: Reinhart Koselleck et al., (Hg.), *Geschichtliche Grundbegriffe*, Bd. 3 (Stuttgart: Klett-Cotta, 1982), 741–785.
(9) あるいはまたスペイン語でも同様．「リベラル」という言葉がはじめて使われたのは 1812 年，カディスで制定されたスペイン憲法をめぐり「リベラル」と「セルビレス」〔王党派〕が対立したことがきっかけであった．リベラルという表現は，すでに存在したフランス語の「リベラルの理念 idées libérales」に対応するものだった．
(10) すでに 1817 年のブロックハウス百科事典は，リベラル理念と闘うことは，理性そのものと闘うことだと教えている．右の論文を参照のこと．Vierhaus, Liberalimus, 755.
(11)「悲鳴を上げるリベラリズム」を批判する一人であるゲーレスの引用は，上掲書の 758 頁を参照のこと．
(12) Pierre Rosanvallon, *Le Moment Guizot* (Paris: Gallimard, 1985).

(13) Vierhaus, Liberalismus, 763からの引用.
(14) John Stuart Mill, *Über die Freiheit* (Stuttgart: Reclam, 1988 [1859], 17f. 英語からの独訳，ブルーノ・レムケ編集，マンフレッド・シュレンケの結語付き.〔関口正司訳『自由論』(岩波書店，Kindle版，2020) 20-21を部分的に修正しながら利用した〕
(15) Jennifer Pitts, *A Turn to Empire: The Rise of Liberal Imperialism in Britain and France* (Princeton: Princeton University Press, 2006).
(16) ミルはやはり平然と次のように書いている.「世界史の大部分が，正確に言えば歴史ではないのは，習慣の専制が完璧なためである．東洋全体がこのようになっている」．そして「中国の人民は停滞してしまった．何千年ものあいだ，停滞したままである．もし彼らが，さらなる改善に向かうことができるとすれば，それは外国人たちによるものにならざるをえないだろう」*Über die Freiheit*, 97f., 99.〔関口訳『自由論』114-116を部分的に修正しながら利用した〕
(17) Bell, What is liberalism?
(18) 右の文献からの引用．Jens Hacke, *Existenzkrise der Demokratie. Zur politischen Theorie des Liberalismus in den Zwischenkriegszeit* (Berlin: Suhrkamp, 2018), 272.
(19) 国家は個々人が各人の人生設計を練る際，十分に手助けすることで，個人を支援できる．そう述べてアメリカの哲学者ジョン・ロールズは戦後期における一つのリベラリズムを構想した．すなわち，ほとんどすべての人生設計の実現に役立つであろう基本財を共同体が個々人に提供するというリベラリズムを唱えたのである．そのような「資源リベラリズム」は，範疇からしてネオリベラル的思考の方向性とは異なっている．後者の代表者たちは，次のように批判した．国家は恣意的に〔何かを〕優先させることなしに，行為の選択肢を生み出すことはできない．結局のところ，集合的な資源の供給は，価値についての決定，つまり，究極的には何が人生において重要で，そうではないかについての独断的な意見を基にして行なわれることになる．ただし，強い国家によって枠にはめられた市場だけが，実際には中立性という約束を実行するのである，と．
(20) Andreas Hess, *The Political Theory of Judith N. Shklar: Exile from Exile* (New York: Palgrave, 2014), 31.
(21) Judith Shklar, A Life of Learning, in: Bernard Yack (ed.), *Liberalism without Illusions. Essays on Liberal Theory and the Vision of Judith N. Shklar* (Chicago: University of Chicago Press, 1996), 263-280.
(22) Hess, *The Political Theory of Judith N. Shklar*, 47.
(23) シュクラーは1992年わずか63歳でこの世を去った.
(24) 社会学者アンドレアス・ヘスによれば，シュクラーの思想にとって動機やモチーフの中心となったのは亡命であった．彼は彼女が「最適な周縁性」の立場にあったことを証明している．Hess, *The Political Theory of Judith N. Shklar*, 34. 実際，少なくともシュクラ

ーの著作の一部は（だが，一部でしかないが），亡命者のパースペクティヴから打ち立てられた理論として理解される．

(25) Carl Joachim Friedrich, The Political Thought of Neo-Liberalism, in: *American Political Review*, 49 (1955), 509–524.

(26) Judith Shklar, *After Utopia. The Decline of Political Faith* (Princeton: Princeton University Press, 1957), 24, 147.

(27) この文脈において貴重な刺激をもらったサミュエル・モインに感謝する．Samuel Moyn, Before-and beyond-the Liberalism of Fear, in: Samantha Ashenden/Andrea Hess (eds.), *Between Utopianism and Realism. The Political Thought of Judith Shklar* (Philadelphia: University of Pennsylvania Press, 2019).

(28) Shklar, *Der Liberalismus der Furcht*, 26.

(29) Judith N. Shklar, *The Bill of Rights and the Liberal Tradition* (Colorado Springs: Colorado College, 1992). ここではとりわけハイエクがシュクラーによる批判の標的だった．

(30) シュクラーの思想を，人間不信とはしないで解釈する試みを，リチャード・ローティ（彼もまた常に「進歩の物語」を語りたがっていた）とアヴィシャイ・マルガリートが行なった．

(31) それゆえ，このリベラリズムは形而上学的なものではなく，政治的なものであった——ほとんど格言のように（少なくとも政治理論においては）使われるようになったジョン・ロールズの表現を利用すると——と付け加えられるかもしれない．

(32) Axel Honneth, Die Historizität von Furcht und Verletzung. Sozialdemokratische Züge im Denken von Judith Shklar, in: *Vivisektionen eines Zeitalters: Porträts zur Ideengeschichte des zwanzigsten Jahrhunderts* (Berlin: Suhrkamp, 2014), 248–262, 255.

(33) シュクラーによるアプローチにおける厚い記述の役割については次の私の論考を参照のこと．Jan-Werner Müller, Fear, Favor and Freedom: Judith Shklar's Liberalism of Fear Revisited, in: Renáta Uitz (ed.), *Freedom and its Enemies: The Tragedy of Liberty* (Den Haag: Eleven, 2015), 39–56. より一般的なものとしては次の著作を参照せよ．Carolin Emcke, *Ja heißt ja und...* (Frankfurt am Main: S. Fischer, 2019)〔『イエスの意味はイエス，それから…』浅井晶子訳（みすず書房，2020年）〕. 恐怖の歴史的変遷については次の著作を比較せよ．Michael Laffan/Max Weiss (eds.), *Facing Fear. The History of an Emotion in Global Perspective* (Princeton: Princeton University Press, 2012).

(34) Rae Langton, Speech Acts and Unspeakable Acts, in: *Philosophy & Public Affairs*, 22/4 (1993), 292–330. ジョン・オースチンによる言語行為理論をヒントにラングトンは，このケースを「発話内行為の無能力」として記した．女性がノーと言ってもイエスと理解されるケースは，ラングトンによれば他にも事例がある．

(35)右の著作も参照のこと．Joan W. Scott, The Evidence of Experience, in: *Critical Inquiry*, 17/4 (1991), 773-797. この著作は体験を絶対視することを警告している．

(36)これに関連して重要な示唆を受けたハーネス・バヨールに感謝している．

(37)恐怖と不安の区分には長い哲学的伝統がある．恐怖が特定の脅威に関係しているという考え方は，至極慣習的なものであり，規範的にはそこから明白に導かれるものは何もない．ハイデガーは恐怖を「「世界」に転落した非本来的な不安であり，しかも恐れ自身にはそれが不安であることが隠されたままである」〔桑木務訳『存在と時間』中巻（岩波書店，1963）122-123頁／中山元訳『存在と時間』5（光文社，2018）190頁を部分的に修正しながら利用した〕と捉えていた．これに対して表面的，社会的現象に固定されない不安は，ハイデガーの見解によれば真正性への一つの道を指し示す．Martin Heidegger, *Sein und Zeit* (Tübingen: Niemeyer, 1967 [1927]), 189.

(38)Honneth, Die Historizität von Furcht und Verletzung.

(39)2006年の一般均等待遇法〔いわゆる反差別法〕をめぐる多くの議論は，この法がドイツでは適用されるのが難しい点をしばしば示している．この観点におけるドイツ側の認識不足については右の論文を参照のこと．Michael Wrase, Anti-discrimination law and legal culture in Germany, in: (eds.), Barbara Havelková/Mathias Möchschel, *Anti-discrimination Law in Civil Law Jurisdictions* (Oxford: Oxford University Press, 2019).

(40)この点についてカースティン・フィッシャーに示唆を得た．御礼申し上げる．

(41)シュリンクはまた，「敗北」と「抑圧」とを同列に扱っているという点で，いささか早計でもある．不正に侮辱されたと思う敗北者だけではなく，犠牲者にも正しく努力を促して，彼らの体験から何かを学ぶよう勧める立場に近い．Schlink, Der Preis der Gerechtigkeit, op. cit.

(42)『日常の悪徳（*Ordinary Vices*）』の中でシュクラーは，ドゥコマース〔商業による文明化の意〕，つまり愛想のよい（あるいは善良な）商業を通じて英雄が商人となったことで，かなり残忍さが減ったと論じた．彼女の議論を解釈する人々は，長い間，恐怖のリベラリズムの幅広い可能性を見いだしてきた．たとえば，バーナード・ウィリアムズはこう書いている．「恐怖のリベラリズムは，警告や想起を語ることだけに限定されない．基本的自由がいったん確保され，基本的な不安が和らげられれば，恐怖のリベラリズムは，より挑戦的な自由概念や恐怖の他の形，あるいは，権力と無力の非対称性が，後者に不利に働いてしまうといった他の見方にも注意を向けることになるだろう．さらにどのようにして，こうした解釈の拡大と内容の洗練過程が機能すべきかについても議論すべきことが大いにある」．Bernard Williams, The Liberalism of Fear, in: Bernard Williams, *In the Beginning Was the Deed. Realism and Moralism in Political Argument*, (ed.) Geoffrey Hawthorn (Princeton: Princeton University Press, 2009), 52-61.

(43) Anderson, Private Regierung.
(44) 右の論文を比較せよ. B. Robert Booth, DPD Courier Who Was Fined for Day off to See Doctor Dies from Diabetes, in: *The Guardians* (5. February 2018). オンラインで読むことができる. URLは以下の通り (http://www.theguardian.com/business/2018/feb/05/courier-who-was-fined-for-day-off-to-see-doctor-dies-from-diabetes).
(45) Anderson, Private Regierung.
(46) 特にドイツに関する重要な議論には「プライベート・ガヴァナンス」も含まれる. 次の著作を参照のこと. Heinz Bude, *Die Angstgesellschaft* (Hamburg: Hamburger Edition, 2017).
(47) この観点についてハーネス・バヨールから重要な示唆を受けた. 御礼申し上げる.
(48) カール・シュミットの思想に関する議論から獲得した考え方についてはジーン・コーエンに負っている. 御礼申し上げる.
(49) いまだに重要である右の書物を見よ. Jürgen Habermas, *Faktizität und Geltung* (Frankfurt am Main: Suhrkampf, 1992)〔『事実性と妥当性——法と民主的法治国家の討議理論にかんする研究』河上倫逸・耳野健二訳（未來社, 2002 年)〕. 自由は政治的基本権の行使を通じてのみ確保され得るという議論については次の著作を参照のこと. Philip Pettit, *On the People's Terms* (Cambridge: Cambridge University Press, 2012).
(50) 比較的ドラマティックではない例を挙げると, アメリカ連邦最高裁判所は, ニュージャージー州ニューアークの警察が, カミソリ負け（須毛部仮性毛包炎）になった男たちには職務中の髭を許したにもかかわらず, ムスリムに対してはそうしなかったため, 信教の自由に対する基本権を傷つけたという判決を下した. 統一した外見を保つために, あらゆる髭を禁止できるが, 例外が許されると判断されるならば, 正当な理由——この場合は宗教上の信念——を有する集団に対してそれを否定することはできない. 同様に学校においてあらゆる宗教的シンボルをすべて禁止できるか, できないかについても同様である. 行なってはならないのは「スカーフを被った女の子」に対する選択的嫌疑を法制化することである. 次のアラン・パッテンによる議論を参照せよ. 彼のこの論文では「フェアなチャンス」についての原則が展開されている. Alan Patten, The Normative Logic of Religious Liberty, in: *Journal of Political Philosophy*, 25/2 (2017), 129–174.
(51) Christian Lindner, *Schattenjahre. Die Rückkehr des politischen Liberalismus* (Stuttgart: Klett-Cotta, 2017), 118. マルカードの表現からは, アドルノの『ミニマ・モラリア』の中で, 不安なしに人との違いを自負することへの憧れを述べた部分が強く想起される.
(52) Christoph Möller, Wir, die Bürger (lichen), in: *Merkur*, 71/818, 5–16. この雑誌はオンラインで読むことができる. URLは以下の通り (https://www.zeit.de/kultur/2017-06/demokratie-parteien-politik-rechtsextremismus).

第4章

（1）もちろん，移民に関することでヘイトスピーチと民主的議論を区別するのはそう簡単ではない．ドナルド・トランプでさえも，メキシコ人の「すべて」が悪い人間であるとは主張しない．ただトランプによれば，彼らはアメリカ合衆国へ「送り込まれた」「強姦者」であり「麻薬密売人」なのである．

（2）民主的議論の中で論争できる重要な論点についてはたとえば次の著作を参照のこと．David Miller, *Fremde in unserer Mitte. Politische Philosophie der Einwanderung* (Berlin: Suhrkamp, 2017). フランク・ラッハマンによる英語からの翻訳．あるいはPaul Bou-Habib, The Case for Replacement Migration, in: *Journal of Political Philosophy*, 27/1 (2019), 67–86.

（3）オーストリアで行なわれていたように，他の諸政党は「判断基準のカタログ」を見ながら連立のための前提条件を設定できる．

（4）この点については右の優れた研究を参照のこと．Yochai Benkler/Robert Faris/Hal Roberts, *Network Propaganda: Manipulation, Disinformation, and Radicalization in American Politics* (New York: Oxford University Press, 2018).

（5）トランプとたとえばジャイール・ボルソナーロとの約束は明らかに，家族内であるかエスニックグループの間であるかを問わず，浸食されたヒエラルヒーを再び磨き直すことにあった．

（6）ヘンリエット・レーカー〔ケルン市長．2015年市長選の前日に彼女の難民受け入れ政策に反対する男によって首を刺され，重傷を負った〕，ジョー・コックス〔イギリス労働党員・下院議員．シリア難民や女性権利擁護を主張し，2016年イギリスEU離脱の是非を問う国民投票のための集会準備の最中に殺害された〕，ヴァルター・リュプケ〔ドイツ・ヘッセン州議会議員．2019年に難民政策や右翼反イスラームグループであるペギーダに反対する政策に従事したため極右によって射殺された〕らを考えてみればよいだろう．

（7）Dylan Matthews, Donald Trump, the Family Separation Crisis, and the Triumph of Cruelty, in: *Vox* (19. Juni 2018). オンラインで読むことができる．URLは以下の通り（https://www. vox.com/2017/1/28/14425354/donald-trump-cruelty）．また次の記事も見よ．Seth Harp, I'm a Journalist but I Didn't Fully Realize the Terrible Power of U.S. Border Officials until They Violated My Rights and Privacy, in: *The Intercept* (22. Juni 2019). オンラインで読むことができる．URLは以下の通り（https://theintercept.com/2019/06/22/cbp-border-searches-journalists/）．A. C. Thompson, Inside the Secret Border Patrol Facebook Group Where Agents Joke about Migrant Deaths and Post Sexist Memes, in: *Pro Publica* (1. Juli 2019). オンラインで読むことができる．URLは以下の通り（https://www.propublica.org/article/secret-border-patrol-facebook-group-age

nts-joke-about-migrant-deaths-post-sexist-memes).

(8)この点に関してニーナ・ホラチェックの示唆に負っている．感謝したい．

(9)同時にこの選挙運動は，ジョージ・オーウェルが「一般の良識」と名付けた礼儀正しさを訴えたために成功した．とりわけ効果的だったのは，明らかにホロコーストの生き残りの一人であるゲトルード・プレスブルガーが情熱的に，ホーファー側は「品格ある人間ではなく，最低の人間だけを獲得する」ことになるだろうというレトリックを用いて放った批判であった．

(10)次の研究を見よ．Yochai Benkler et al., Partisanship, Propaganda, and Disinformation: Online Media and the 2016 U.S. Presidential Election, in: Berkman Klein Center (16 Aug. 2017). オンラインで読むことができる．URLは以下の通り (https://www.cyber.harvard.edu/publications/2017/08mediacloud).

(11)ここで述べているのは，既存の権利を単に機械的に広げるべきだということではない．反差別が具体的に何を意味するのかについてはくり返し反省されなければならない．

(12)Kimberlé Crenshaw, Demarginalizaing the intersection of race and sez. A Black feminist critique of antidiscrimination doctrine, feminist theory and antiracist politics, in: *University of Chicago Legal Forum*, 1 (1989). オンラインで読むことができる．URLは以下の通り (https://chicagounbound.uchicago.edu/cgi/viewcontent.cgi?article=1052&context=uclf)

(13)ハーネス・バヨールに感謝する．

(14)ただし――これは月並みな指摘だが――，民主的制度についての基本的な同意はある．

(15)「アイデンティティ・ポリティクス」概念の最初期における事例である，コレクティヴの有名な1977年宣言は，以下のサイトで読むことができる．URLは以下の通り (http://circuitous.org/scraps/combahee.html).〔カンビー・リヴァー・コレクティヴは1974年から1980年まで活動していたボストンの黒人フェミニスト・レズビアン社会主義組織〕

(16)Silke van Dyk, Identitätspolitik gegen ihre Kritik gelesen: Für einen rebellischen Universalismus, in: *Aus Politik und Zeitgeschichte*, 69/9-11 (2019), 25-32. 以下のサイトで読むことができる．URLは以下の通り (http://www.bpb.de/apuz/286508/identitaetspolitik-gegen-ihre-kritik-gelesen-fuer-einen-rebellischen-universalismus?p=all).

(17)この点については，すでにグラムシが唱えて以来，実は知られているはずである．だが，今日の左翼理論家の中には，アイデンティティ・ポリティクスの敵から地盤を奪い，もう一つ別の政治になんら肯定的基盤がないことを明らかにしてしまう可能性があるゆえ，それをもはや知りたがらない人もいるようだ．

(18)Adam Gopnik, *A Thousand Small Sanities. The Moral Adventure of Liberalism* (New York: Basic Books, 2019), 169.

(19)Isaiah Berlin, *Enlightening. Letters 1946-1960* (eds.), Henry Hardy/Jennifer

Holmes (London: Chatto & Windus, 2009), 352.
(20)市民権・国籍取得試験が必ずしも正当でないと言っているわけではない.
(21)クリントンの演説はオンラインで読むことができる. URLは以下の通り (https://www.law.ox.ac.uk/sites/files/oxlaw/field/field_document/keynote_speech_by_secretary_hillary_clinton_20181009.pdf).
(22)Fareed Zakaria, The Rise of Illiberal Democracy, in: *Foreign Affairs*, 76/6 (November/December 1997), 22-43.
(23)引用は以下の通り. Andrew Farrant/Edward MacPhail/Sebastian Berger, Preventing the "Abuses" of Democracy: Hayek, the "military usurper" and transitional dictatorship in Chili?, in: *American Journal of Economics and Sociology*, 71/3 (2012), 513-538, 513.
(24)Adam Przeworski, *Democracy and the Market* (New York: Cambridge, 1991).
(25)またジョサイア・オーバーの重要な著作も参照せよ. 彼は理論的 (そして歴史的) にリベラリズムを民主制と分けようとしている. だが, ある種の基本権を民主制に明白に割り当てている一方で, リベラリズムには一括して割り当ててはいない(Josiah Ober, *Demopolis: Democracy Before Liberalism in Theory and Practice* (New York: Cambridge University Press, 2017).
(26)Larry Diamond, Facing up to the Democratic Recession, in: *Journal of Democracy*, 26/1 (2015), 141-155.
(27)中国は明らかにその反証となる. 習近平が独裁主義的締め付けを行う以前は, 欧米側の機能不全に陥った政治システムにおいてよりも, 民主的原則を説得的に実現しようとする要求も表明されていた.
(28)次の論文からの引用. Patrick Kingsley, On the Surface, Hungary Is a Democracy. But What Lies Underneath?, in : *New York Times* (26. Dezember 2018). オンラインで読むことができる. URLは以下の通り (https://www.nytimes.com/2018/12/25/world/europe/hungay-democracy-orban.html).
(29)Adrian Vermeule, Liturgy of liberalism, in: *First things* (Januar 2017). オンラインで読むことができる. URLは以下の通り (https://www.firstthings.com/article/2017/01/liturgy-of-liberalism).
(30)右の著作を参照のこと. Frank Furedi, *Populism and the European culture Wars: The Conflict of Values between Hungary and the EU* (New York: Routledge, 2018). フレディはハンガリーの「非リベラル民主制」がエマンド・バーク流の保守主義に相当すると主張している.
(31)だが, 移民についても同じだと反論する人もいるかもしれない. ここで重要なのは, 次のように細分化して議論することである. すなわち, EUは (これまでのところ成功していないが) 難民の「再分配」を試みる一方で, 共通の移民政策はおろか, 共通のアジール

政策も策定していないといった具合である.

(32) Cas Mudde, The Problem with Liberalism, in: *The Guardian* (17. Februar 2015). オンラインで読むことができる. URLは以下の通り (https://www.theguardian.com/commentisfree/2015/feb/17/problem-populism-syriza-podemos-dark-side-europe).

(33) Kim Lane Scheppele, The Rule of Law and the Frankenstate: Why Governance Checklists Do Not Work, in: *Governance*, 26/4 (2013), 559–562.

(34) Jeremy Waldron, Safety and Security, in: *Nebraska Law Review* 85 (2006), 454–507, 468f.

(35) Josef Isensee, *Das Grundrecht auf Sicherheit. Zu den Schutzpflichten des freiheitlichen Verfassungsstaates* (Berlin: De Gruyter, 1982). ここで言及している閣僚はハンス＝ペーター・フリードリヒ.

(36) またもやここでは, なんらかの具体的なものに対する恐怖, つまりそれが認知的前提条件を伴うとしても感情的な恐怖と, 曖昧で具体的なものに固定されない不安との対比が重要となる. 一方には感情を, 他方には多かれ少なかれ合理的理由を置いて区分しようとする際に生ずる間違いについては右の著作も参照せよ. Jon Elster, *Alchemies of the Mind: Rationality and the Emotions* (Cambridge: Cambridge University Press, 1999).

(37) 右の文献を参照のこと. Robert E. Goodin/Frank Jackson, Freedom from Fear, in: *Philosophy and Public Affairs* 35/3 (2007), 249–265. ならびに以下のフィリップ・ペティットによるコメントも参照のこと. Philip Pettit, Freedom and Probability: A Comment on Goodin and Jackson, in: *Philosophy and Public Affairs* 36/2 (2007), 206–220.

(38) この事例はチャールズ・テイラーに触発されたものである. 彼の次の論文を比較せよ. Charles Taylor, Der Irrtum der negativen Freiheit, in: Charles Taylor, *Negative Freiheit? Zur Kritik des neuzeitlichen Individualismus* (Frankfurt am Main: Suhrkampf, 1992 [1985], 118–144, 128. ヘルマン・コーサイバによる英語からの翻訳.

(39) レプシウスはさらに, 具体的な自由の権利と慎重に比較考量された国家的防衛義務という考え方が中絶法に関する連邦共和国の議論から生まれたことを述べている. すなわち, 堕胎された子どもには自由に関する一般的権利はないが, 国家は一方でその子どもを護る義務があるという議論である. 右の文献を参照のこと. Oliver Lepsius, Das Verhältnis von Sicherheit und Freiheitsrechten in der Bundesrepublik Deutschland nach dem 11. September 2001. オンラインで読むことができる. URLは以下の通り (http://webdoc.sub.gwdg.de/ebook/lf/2003/aicgs/publications/PDF/lepsius.pdf).

(40) ここで私は, 拷問の擁護者が特定の状況下で行なうように, 集団的安全保障が個人の安全保障と相殺されることがあるかどうかという問題からは距離を置いている.

(41) Jeremy Waldron, Liberty and Security: The Image of Balance, in: *Journal of Political Philosophy* 11/2 (2003), 191–210.

(42)その際，ジェレミー・ウォルドロンが注釈しているように，ホッブズは決して安全保障についての詳細な概念を作りあげたわけではない．前掲の文献を参照のこと．

(43)欧州人権条約がこれを示唆し，シュトラースブルク／ストラスブール〔＝欧州人権裁判所〕でこの安全保障を求める権利の名においてすでに判決が出されているとしてもである．以下の文献を参照のこと．Sebastian Leuschner, Es ist wieder da: Der EuGH bestätigt das Grundrecht auf Sicherheit, in: Verfassungsblog (22. Februar 2016). オンラインで読むことができる．URL は以下の通り（https://verfassungsblog.de/es-ist-wieder-da-der-eugh-bestaetigt-das-grundrecht-auf-sicherheit/）．

(44)地域共同体に引きこもりたい人もいるが，それはリベラル国家の寛容さの内にあるからそれが可能なのである．行政法の専門家であるヴァーミュールは，リベラリズムを内側から崩すためには，制度を貫く長い（静かな）行進が開始されなければならない，といった面白い議論をしている．Adrian Vermeule, Integration From Within, in: *American Affairs* 2/1 (2018). オンラインで読むことができる．URL は以下の通り（https://americanaffairsjournal.org/2018/02/integration-from-within/）．

(45)アイデンティタリアン運動に従事する人々には，常に彼らが何と闘っているかを明確にしなければならない，と言いたくなる．

(46)このように，あれやこれをも耐えよと言うのは，常に容易い．だが，一体誰が何を耐えるべきなのだろうか．

(47)この引用の根拠については異論の余地がある．その反リベラルはヴァーミュールである．右の著作も参照のこと．Louis Veuillot, *L'illusion libéral* (Paris: Palmé, 1866).

到着地，ただし目的地ではない

(1)Raymond Geuss, *A World without Why* (Princeton: Princeton University Press, 2014), 184.

(2)次の文献を参照のこと．Arjun Appadurai, *Die Geographie des Zorns* (Frankfurt am Main: Suhrkamp, 2009). ベッティナ・エンゲルス Bettina Engels による英語からの翻訳．

(3)次のフォレスタによる2論文を参照のこと．Katrina Forrester, Judith Shklar, Bernard Williams and Political Realism in: *European Journal of Political Theory* 11/3 (2012), 247-272; Hope and Memory in the Thought of Judith Shklar, in: *Modern Intellectual History* 8/3 (2011), 591-650.

「恐怖のリベラリズム」 ジュディス・シュクラー

この論文を執筆するに当たり，適切なアドヴァイスと励ましをくれた私の友人ジョージ・ケイティブに感謝したい．

(1)J. W. Allen, *A History of Political Thought in the Sixteenth Century* (London: Methuen, 1941), 89-97, 370-377; Quentin Skinner, *The Foundations of Political Thought*, 2 vols. (Cambridge: Cambridge University Press, 1978), II, 241-254.
(2)右の文献を参照せよ．Judith Shklar, *Ordinary Vices* (Cambridge, Mass.: Harvard University Press, 1984).
(3)たとえば右の文献を見よ．Laurence Berns, "Thomas Hobbes", in: Leo Strauss/Joseph Cropsey (eds.), *A History of Political Philosophy* (Chicago: Rand McNally, 1972), 370-394; C. B. Macpherson, *The Political Theory of Possessive Individualism* (Oxford: Clarendon, 1962).〔『所有的個人主義の政治理論』藤野渉他訳（合同出版，1980）〕これらの著作の解釈は，レオ・シュトラウスが次の文献で行なっているように，ロックをホッブズに非常に近い存在だと見なす解釈に依っている．Leo Strauss, *Natural Right and History* (Chicago: University of Chicago Press, 1953), 202-251.〔『自然権と歴史』塚崎智，石崎嘉彦訳（昭和堂，1988）216-262〕
(4)Alexander Hamilton et al., in: *The Federalist Papers* (ed.), Clinton Rossiter (New York: New American Library, 1961), nos. 10, 51.〔『ザ・フェデラリスト』斎藤眞，中野勝郎訳（岩波書店，1999）第10，51篇〕
(5)Georges Duby, *The Chivalrous Society*, trans. Cynthia Postan (Berkeley: University of California Press, 1977), 81-87.
(6)Ralph Waldo Emerson, "The Conservative", in: *Essays and Lectures* (ed.), Joel Porte (New York: Library of America, 1983), 173.
(7)Edward Peters, *Torture* (Oxford: Basil Blackwell, 1985), 103-140.
(8)Isaiah Berlin, "Introduction" and "Two Concepts of Liberty", *Four Essays on Liberty* (Oxford: Oxford University Press, 1982), xxxvii-lxiii, 118-172〔小川晃一，小池銈訳「序論」，生松敬三訳「二つの自由概念」『自由論』（みすず書房，1971）7-96, 295-390〕; Isaiah Berlin, "The Originality of Machiavelli", *Against the Current* (New York: Viking, 1980), 25-79.〔佐々木毅訳「マキアヴェッリの独創性」，福田歓一，河合秀和編『思想と思想家　バーリン選集1』（岩波書店，1983）1-97〕
(9)*The Metaphysical Elements of Justice* (ed./trans.), John Ladd (Indianapolis: Bobbs-Merrill, 1965).〔加藤新平，三島淑臣訳「人倫の形而上学・法論」『世界の名著 カ

ント』（中央公論社，1972）〕

(10)道具的合理性とその含意に関する最も優れた説明は右の著作を見よ．Seyla Benhabib, *Critique, Norm and Utopia* (New York: Columbia University Press, 1986).

(11)George Kateb, "Remarks on the Procedures of Constitutional Democracy", *Nomos*, xx. *Constitutionalism* (ed.), J. Roland Pennock/John Chapman, 215-237.

(12)Michael L. Walzer, *Spheres of Justice* (New York: Basic Books, 1983), 26-28, 312-316.〔『正義の領分——多元性と平等の擁護』山口晃訳（而立書房，1999）〕

(13)非立場／ノン・ポジションからの哲学的展望については右の著作を見よ．Thomas Nagel, *The View from Nowhere* (Oxford: Oxford University Press, 1986).〔『どこでもないところからの眺め』中村昇ほか訳（春秋社，2009）〕

(14)これは右の論文に対する批判的応答である．Michael Walzer, "The Moral Standing of States", in: Charles R. Beitz et al. (eds.), *International Ethics: A Philosophy and Public Affairs Reader* (Princeton: Princeton University Press, 1985), 217-238.

(15)ロマン主義的リベラリズムについては右の著作を参照せよ．Nancy L. Rosenblum, *Another Liberalism* (Cambridge, Mass.: Harvard University Press, 1987). 共同体主義については次の著作を参照のこと．Michael J. Sandel, *Liberalism and the Limits of Justice* (Cambridge: Cambridge University Press, 1982).〔『リベラリズムと正義の限界』菊池理夫訳（勁草書房，2009）〕

(16)Charles Taylor, "The Nature and Scope of Distributive Justice", in: Frank S. Lucash (ed.), *Justice and Equality Here and Now* (Ithaca, N.Y.: Cornell University Press, 1986), 34-67.

(17)Alan Ritter, *Anarchism* (Cambridge: Cambridge University Press, 1980).